河出文庫

応神天皇の正体

関裕二

河出書房新社

はじめに

古代史の謎をすべて解き明かすには、まず応神《おうじん》天皇（誉田天 皇《ほむたのすめらみこと》）の秘密を暴かねばならない。

古代史の謎は、すべて応神天皇に集約されているといっても過言ではない。『日本書紀《にほんしょき》』最大の編纂《へんさん》目的は、「応神天皇の正体をいかに誤魔化すか」にあったと思われる。

通説は、「応神天皇は実在した可能性が非常に高い人物」と認めるが、生身の人間にしては、この人物にまとわりつく伝説は、神話じみている。

応神天皇は、「あの」ヤマトタケルの孫だ。しかも、「あの」神功皇后《じんぐうこうごう》の息子である。ヤマトタケルも神功皇后も、父親の仲哀《ちゆうあい》天皇も、みな歴史時代の重要人物なのに、「架空の存在」とレッテルを貼られている。だから通説に従えば、応神天皇は、虚構から生まれた実像ということになる。

それだけでも十分怪しいのに、神功皇后は産み月を呪術で遅らせ、朝鮮半島から日本に戻ってきて、産み落としている。この話、「胞衣《えな》にくるまれて高天原《たかまのはら》から降臨した天《あま》津《つ》彦彦火瓊瓊杵尊《ひこひこほのににぎのみこと》の神話にそっくり」と言われている。ならば、応神天皇は、朝鮮半島から日本に渡ってきたということなのだろうか。

応神天皇は産まれてすぐ、神功皇后らに導かれ瀬戸内海を東に進み、ヤマトを目指した。抵抗する腹違いの兄たちを蹴散らし、ヤマト入りを果たしたのである。

この話、初代神武《じんむ》天皇の九州からの東征とそっくりなのはなぜだろう。神武天皇といえば、神話からはじめて歴史時代に抜け出した人物であり、その境遇は、応神天皇に瓜二つだ。これは偶然なのであろうか。

応神天皇は皇太子時代、越《こし》（北陸）に出向き、気比大神《けひのおおかみ》と名前を交換したという。気比大神そのものも、それほど有名ではないし、越の神と名前を交換する必要がどこにあったのか、その理由もはっきりとしない。しかも、応神を方々連れ回したのは、三百歳以上も長生きした武内宿禰《たけのうちのすくね》だというから、現実味がない。

それだけではない。六世紀初頭に越からヤマトに乗り込んだ継体《けいたい》天皇は、応神天皇の五世の孫と『日本書紀』は言う。もちろん史学者たちは、「継体天皇は新王朝」と判断し、これらの歴史記述を本気にして受けとめていない。けれどもなぜ祖を応神天皇に求める必要があったのか、その理由をはっきりと解き明かしていない。

ここで気付かされるのは、「始祖王は、みな応神天皇とよく似ていたり、どこかでつながっていたりする」ということである。

水野《みずの》祐《ゆう》が唱えた三王朝交替説は、ほぼ古代史の定説となった。それによれば、崇《す》神《じん》天皇、応神天皇、継体天皇がそれぞれ新たな王朝を開いたという。また、崇神天皇は神武天皇と同一と目されているのだから、崇神も継体も、どちらも、何らかの形で応神天皇と接点をもっていることになる。

くどいようだが確認しておくと、崇神は神武と同一人物と目され、神武は九州から瀬戸内海を東に向かい、応神もやはり、瀬戸内海を東に移動している。継体天皇は越からやってきたが、なぜか応神天皇の末裔を名乗っていたという。すると、別々であるはずの三つの王朝が、なぜか「応神天皇」といくつかの共通点で結ばれていることになる。

いったいこれは、何を意味しているのだろう。

応神天皇の正体を明かしたい。

応神天皇の正体

目次

第二章　河内《かわち》王朝《おうちょう》と応神天皇　53

第三章　八幡神《はちまんしん》とトヨの秘密　93

第四章　応神天皇と宝の国・新羅　134

本文写真　梅澤恵美子／関裕二

応神天皇の正体

第一章　応神天皇は実在したのか？

実在したはずなのに正体がはっきりとしない応神天皇

第十五代応神天皇（誉田天皇）は、厄介な存在だ。古代史解明のキーマンであるにもかかわらず、正体はいまだに明らかにされていない。

筆者はこれまで、「応神天皇は初代神武《じんむ》天皇と同一人物で、ヤマトが建国された二世紀後半から四世紀にかけての人物」と推理し、「応神天皇はヤマト建国の秘密を握っているのではないか」と疑ってきたが、この考えは、通説とかけ離れている。

しかし、根拠はいくつもある。

まず、（1）神武東征と応神東征は、「同じ事件ではないか」と思えるほど、内容が似ている。（2）神武天皇は神話の世界から人間界に飛び出した人物で、「天孫降臨《てんそんこうりん》→神武東征」と物語が続くが、応神天皇は、一人で「応神降臨→応神東征」をやり遂げている。（3）神武天皇を後押ししているのは天照大神《あまてらすおおみかみ》という日神《ひのかみ》だが、応神にも、アメノヒボコ（天日槍《あめのひぼこ》、天之日矛《あめのひぼこ》）という日神が背後に控えていた。（4）神武の東征を促したのは塩土老翁《しおつつのおじ》（住吉大神《すみよしのおおかみ》）だが、応神天皇を後押ししたのも、住吉大神と塩土老翁にそっくりな武内宿禰《たけのうちのすくね》であった。

これらの話は、徐々に語っていくが、私見ばかりを述べて、通説の応神論を無視していては、独りよがりになってしまう。

そこで、応神天皇の秘密を解きあかす前に、通説が応神天皇をどのように考えているのか、整理しておきたい。

まず、応神天皇の時代背景についても、私見と通説には差がある。私見は応神天皇を三世紀後半から四世紀にかけての人物と考えるが、通説は、「実在したとすれば、四世紀末から五世紀初頭にかけての人物」と考えている。『宋書《そうじょ》』倭国伝《わこくでん》に登場するいわゆる「倭《わ》の五王《ごおう》（讃《さん》・珍《ちん》・済《せい》・興《こう》・武《ぶ》）」のひとり「讃」であった可能性が高いというのである。

通説がそう指摘するのは、もっともなことなのだ。理由はいくつもある。

まず第一に、『日本書紀《にほんしょき》』に記された、応神天皇の母・神功皇后《じんぐう》の外征記事（具体的な内容は、のちに再び触れる）からも、神功皇后と応神の母子の治政の時代は、ちょうどこのころと想定できる。第二に、通説は「ヤマト建国時の初代王は、『日本書紀』や『古事記《こじき》』のいう神武天皇ではなく、第十代崇神《すじん》天皇だった」と指摘する。ここから計算すれば、第十五代はほぼ、四世紀末から五世紀頃に収まる。

九代の天皇を無視できる理由は確かにある。第二代・綏靖《すいぜい》天皇以下、第九代・開化《かいか》天皇に至るまでの歴代天皇の事蹟は皆無で、欠史《けっし》八代《はちだい》と呼ばれているからだ。つまり彼らが、後の世に創作された可能性は高いのだ。そこで、「初代神武天皇は架空の存在」と考えられるようになった。

また、「もし神武天皇が実在したとしても、崇神天皇をモデルにしたにすぎない」とする説が登場する。『日本書紀』の両者の記事には、それぞれ欠けた期間があって、両者の事蹟を重ねると、互いを補うような形で、ぴったりと合う。通説のいうとおり、崇神天皇がヤマトの初代王であった蓋然性は高い。

ヤマト建国の地・纒向遺跡（奈良県桜井市）

ところで、崇神天皇とヤマト建国を結びつけるのは、纒向《まきむく》遺跡（奈良県桜井《さくらい》市）と前方後円墳《ぜんぽうこうえんふん》である。前方後円墳の出現がヤマト建国の象徴的事件で、これが三世紀後半から四世紀前半であったこと、崇神天皇と彼の子や孫の大王が、前方後円墳の誕生した纒向遺跡と周辺に宮を置いていたことから、彼らがヤマト建国時の王家とみなされるようになった。このように崇神天皇はヤマト建国時の王で、ここから計算しても、第十五代応神天皇は、四世紀末から五世紀前半の人物ということになる。

初代王をめぐる謎

ただし、ここで急いではなるまい。『日本書紀』や『古事記』にはっきりと登場する神武天皇を、安易に「架空の存在」とみなしてよいのだろうか。また、「まったくの別人」と書かれている初代神武天皇と第十代崇神天皇を、そう簡単に「同一人物」と決めつけてよいのだろうか。

応神天皇を考える上で、神武と崇神は大きな鍵を握っている。なにしろ筆者は、神武と応神は同一人物で、崇神と応神は同時代の別人と考えている。だから、初代王について、もう少し深入りしておきたい。

戦前戦中、ヤマト建国の祖・神武天皇は、実在の人物として教えられ、英雄と讃えられた。いわゆる皇国史観というものだ。その反動から、戦後の史学界で神武天皇は無視され、冷遇された。

たとえば古代史学界を代表する大御所直木孝次郎《なおきこうじろう》は『直木孝次郎古代を語る5　大和王権と河内王権』（吉川弘文館）の中で、論を進める前に、「いまさらそんなことは問題にする必要はないとおっしゃる方も多いと思いますが」と前置きし、神武天皇が架空の人物であることは、すでに常識になっていることを強調している。

ではなぜ、神武天皇は実在の人物ではないのか、その理由を、直木孝次郎はいくつも挙げていく。以下、直木孝次郎の考えを中心に、神武天皇が架空の存在だったという通説の考えを、まとめてみよう。

たとえば系譜が嘘くさい。

神武天皇の父親は、神だ。海幸山幸神話の彦火火出見尊《ひこほほでみのみこと》（山幸彦《やまさちひこ》）と豊玉姫《とよたまひめ》の間の子・彦波瀲武鸕鶿草葺不合尊《ひこなぎさたけうがやふきあえずのみこと》である。母親は豊玉姫の妹の玉依姫《たまよりひめ》で、豊玉姫と玉依姫姉妹の親は海神《わたつみ》で、神武天皇は天照大神から続く天神《あまつかみ》の系譜と海神の血を引いている。しかも神武天皇の妃《きさき》は、出雲神の娘・媛蹈鞴五十鈴媛命《ひめたたらいすずひめのみこと》だった（『日本書紀』は事代主《ことしろぬし》神《のかみ》の娘といい、『古事記』は大物主神《おおものぬしのかみ》の娘とする）。

このように、神武天皇を取り巻く人脈（神脈？）は、まさに人間離れしていて、神武天皇自身も、「神日本磐余彦《かむやまといわれびこ》」と、「神」の名を負う。この設定からして、「神武天皇は怪しい」ということになる。

そこで注目されるのは「イワレ」で、なぜ神武天皇の名に「イワレ」があてられたのか、大きな謎を残した。というのも、神武天皇とイワレの間に、あまり関係性が見出せないからである。

この事実は本居宣長《もとおりのりなが》も「理由が分からない」といい、古代史学界の大家・津田左右吉《つだそうきち》も匙を投げたほどだ。『日本書紀』や『古事記』を読んでも、理由が分からないのだ。

その一方で、五世紀末から六世紀後半に至るまでの間、清寧《せいねい》、継体、敏達《びだつ》、用明《ようめい》天皇は、磐余《いわれ》に宮を営んでいる。したがって、六世紀以降の人間が、都にふさわしい場所として磐余に注目し、神武天皇の名に「磐余」をつけたのではないか、というのである。

『日本書紀』や『古事記』の、「神武天皇は畝傍橿原宮《うねびのかしはらのみや》（奈良県橿原《かしはら》市）に住まわれた」という設定にも、後の世の手が加えられていると考えられている。

まず、橿原が確実な史料にあがってくるのが六世紀から七世紀にかけてのことで、この時代の有力者は蘇我氏であった。彼らは飛鳥から畝傍《うねび》山《やま》にかけての地域に拠点を造っていた。蘇我氏や聖徳太子は、『天皇記』や『国記《こっき》』を編纂しているが、このころ、橿原の地が「初代王の宮」という考えがまとまったのだろうというのだ。

また、神武東征をどう考えればよいのかというと、神武の無駄な遠回りにヒントが隠されているという。神武は大伴《おおとも》氏の祖・道臣命《みちのおみのみこと》を先頭に立たせ、吉野川から大和盆地の東南の山の中を通ってくるが、それはなぜかというと、七世紀の大海人皇子《おおあまのみこ》（のちの天武《てんむ》天皇）が壬申《じんしん》の乱に際し、吉野から東国へ逃れる時、まさに、このルートを辿っていて、同行した最有力の武将が、大伴連馬来田《おおとものむらじまくた》だった。したがって神武東征説話は、壬申の乱の史実が影響している、という。

そしてこれらのことから、神武天皇説話は、五世紀後半以降に形作られたに違いない、とするのである。

実在しなかった九代の王

古代史からはじき飛ばされてしまったのは、神武天皇だけではない。すでに触れたように、第二代綏靖《すいぜい》天皇以下、第九代開化天皇までを欠史八代といい、架空の存在と考えられているが、その理由を、おおよそ次のように述べている。

まず特記すべきは、『日本書紀』『古事記』ともに、欠史八代の天皇の事蹟（『帝紀《ていき》』に対する『旧辞《きゅうじ》』に相当する部分）を記していないことだ。系譜や宮を掲げているものの、治政全般が抜け落ちてしまっていて、歴史の体をなしていない。『古事記』も歴代天皇の崩年干支《ほうねんかんし》を、崇神天皇から記録している。

第七代孝霊《こうれい》天皇、第八代孝元《こうげん》天皇、第九代開化天皇の和風諡号《わふうしごう》には、「ヤマトネコ」が入るが、次に「ヤマトネコ」の和風諡号をもつのは、五世紀の第二十二代清寧天皇で、さらに、七世紀後半から八世紀にかけて、第四十一代持統《じとう》天皇、第四十二代文武《もんむ》天皇、第四十三代元明《げんめい》天皇、第四十四代元正《げんしょう》天皇と続く。彼女たちは、『日本書紀』や『古事記』が編纂される時代の天皇で、第七代から第九代の天皇の諡号は彼女たちの諡号を拝借したものと考えられる。すなわち、古いものではなく、七世紀以降に欠史八代の天皇が加えられたとするのである。

さらに、第六代孝安《こうあん》天皇の和風諡号は「ヤマトタラシ」だが、同じ「タラシ」の諡号をもつ者に、第十二代景行《けいこう》天皇、第十三代成務《せいむ》天皇、第十四代仲哀天皇、仲哀天皇の后の神功皇后がいる。ただし、これらの人物群は実在していたかどうか、じつに怪しいという。その一方で、七世紀の第三十四代舒明《じょめい》天皇と第三十五代皇極《こうぎょく》天皇の諡号に「タラシ」がある。また、推古《すいこ》天皇の時代、遣隋使《けんずいし》で派遣された役人は、隋《ずい》帝にヤマトの大王の名を聞かれ「姓はアメ、名はタラシ」と答えている。このため、七世紀前半のヤマ

古代天皇系図

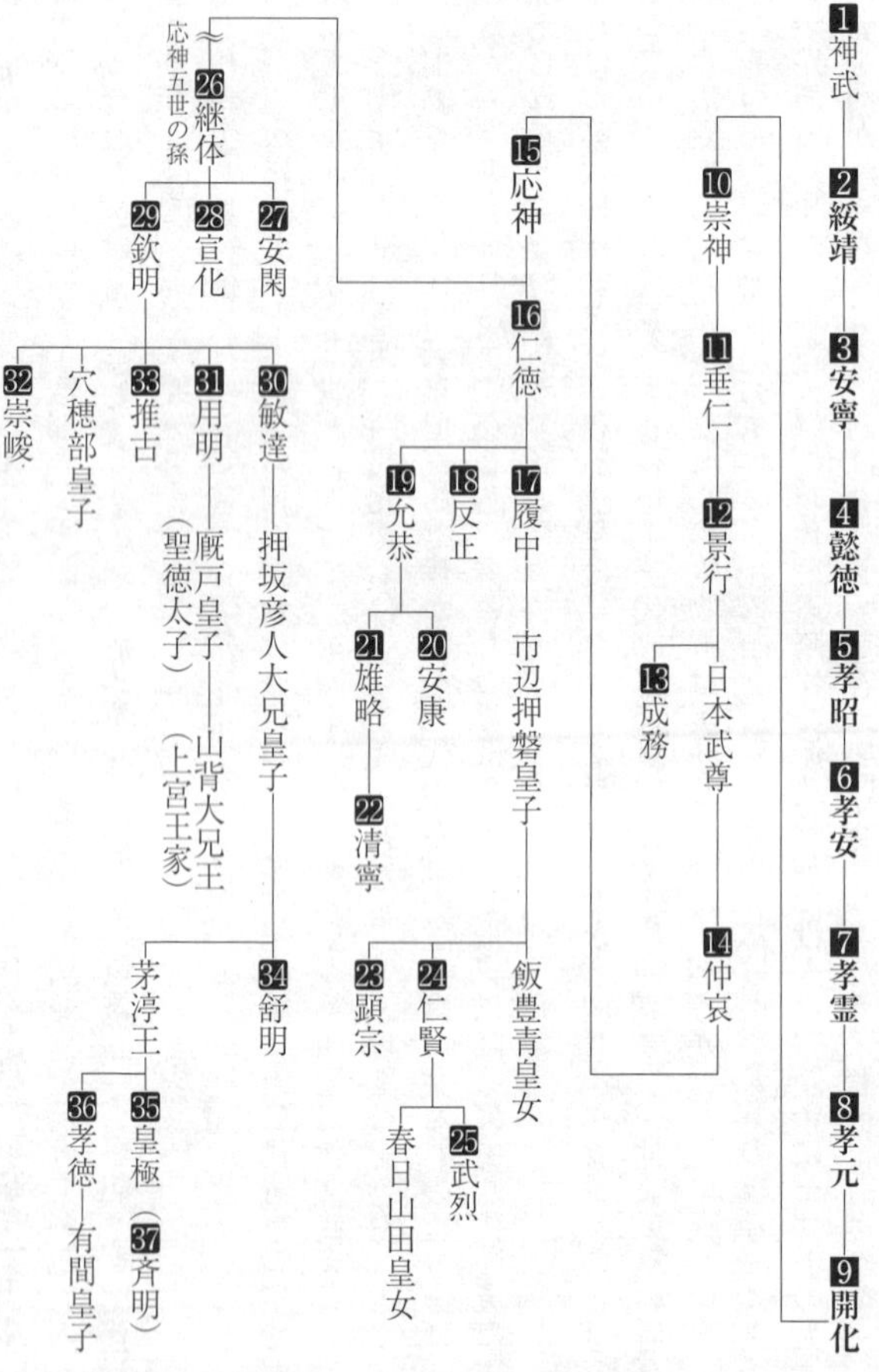

※太字は欠史八代

トの大王（天皇）の称号は、「タラシ」だった可能性が高い。

やはり、「タラシの王」という諡号は、七世紀以降にあてがわれたものと考えられる。

さらに、第三代安寧《あんねい》天皇、第四代懿徳《いとく》天皇、第五代孝昭《こうしょう》天皇の諡号には「ヒコ」がつくが、これは神話の時代によく使われた「神がかった名」で、実在の人物で「ヒコ」と呼ばれている古代人は、想像以上にすくないという。

また、天皇系図からも、興味深い事実が浮かびあがってくる。初代神武天皇から第十五代応神天皇に至るまで、皇位は親から子へ継承された。ところが、その後、兄弟間で皇位のやりとりが頻繁に起きていく。これが本来の皇位継承の現実であり、前半のあまりに整いすぎた系譜は、親子相続を理想とした七世紀末以降に組み立てられた疑いがある。

こうしてみてくると、神武天皇のみならず、欠史八代のほとんどの天皇の実在性は危ぶまれ、後の世の創作とみなしたほうが、理解しやすいとするのである。

崇神天皇が実在した証拠

では、第十代崇神天皇が実在していた証拠はあるのだろうか。

もっとも分かりやすい証拠は、ハツクニシラス天皇《すめらみこと》という称号であろう。

『日本書紀』崇神十二年秋九月の条に、次のような記事が載る。民の戸籍を造り、課役を課した。集まった租税は神々に供えられ、天神地祇《てんじんちぎ》はともに和み、天候も定まり、豊作となり、人々は富み栄え、満足し平穏な日々がやってきた。そこで天皇を、御肇国《はつくにしらす》天皇《すめらみこと》と讃えたという。「国の初めを治めた天皇」という意味である（『古事記』には、「初国《はつくに》を知《し》らす御真木天　皇《みまきのすめらみこと》」とある）。

興味深いのは、神武元年の条にも、神武天皇をハツクニシラス天皇と讃える次のような一節が残されていることである。「畝傍《うねび》の橿原に、底磐之根《そこついわね》（地の底の岩）に宮柱《みやばしら》を立てて、高天原に千木をそびえさせ、始馭天下之天皇《はつくにしらすすめらみこと》と申し上げた」とある。正確には、神武天皇の場合は、「はじめて天下を治められた天皇」で、崇神天皇の場合は、「国の始まりを治めた」のであって、同じ「ハツクニシラス天皇」であっても、厳密にいうと、後者は初代天皇の意味ではない。

ただし、神武天皇は崇神天皇をモデルにして、天皇家の歴史を古く見せかけるために創作された虚像というのが、通説の考えで、「ハツクニシラス天皇」の微妙な差については、大きく取りあげられることはない。神武の場合はじめて治めたのが「天下」で、崇神の「国」ではないことから、「天下」は「国」に対し抽象的、観念的で、新しい時代に神武を形容するために使われたのではないか、ともいう。

それよりも、崇神天皇が「ミマキイリヒコ」の諡号を持っていることが重視されている。「イリヒコ」の名は子の垂仁《すいにん》天皇や、この時代の皇族に特有で、それ以降には出現しないことから、後世の造作とは考えられないという。つまり、古い名として認められているのだ。

また、崇神天皇の崩年干支は「戊寅」で、西暦二五八年か、三一八年に当てはめることができ、どちらを当てはめても、考古学が指摘するヤマト建国（前方後円墳体制の確立）とほぼ重なってくる。三輪山麓の纒向遺跡でヤマトは建国されたが、崇神天皇は間近の磯城《しき》に宮を置き、つづく第十一代、第十二代の天皇は「纒向」に宮を建てた。この事実も無視できない。

神功皇后が拠点にした香椎宮（福岡県福岡市）

初代のヤマトの王が崇神天皇であったことは、ほぼ間違いあるまい。それでは、応神天皇について、通説はどのように考えているのだろう。

ヤマトの王家（三輪王朝）は、四世紀末から五世紀初頭、河内の王家に入れ替わったと考えられている。これを河内王朝《かわちおうちょう》論と言い、詳細はのちに触れるが、三輪王朝の系統の女性を河内王朝の応神天皇が娶ることで、ふたつの王家が合流したという。あるいは応神天皇の王家がヤマトの王家を懐柔したという言い方も可能となる。

また、『日本書紀』以前に編纂されていた『帝紀』の編者は、応神以前の正確な記録を持ち合わせていなかったと考えられること、わかっている限りの知識や記憶を頼りに、応神以前の古い歴史を記していたにちがいないという。その点、応神天皇は時代の節目にあたっていたと信じられている。だからこそ、応神天皇は謎めき、その実態がよくつかめきれずにいるということになる。

また、応神天皇は実在しなかったかもしれないという指摘もある。応神紀（「紀」は『日本書紀』、「記」は『古事記』）と仁徳《にんとく》記の説話がよく似ていることから、応神天皇のモデルは仁徳天皇で、応神天皇は虚像にすぎないとする説が提出されているのだ。

ではなぜ、ひとりの人間をふたつに分ける必要があったのだろう。なぜ、応神という虚像が生まれたというのだろう。いや、本当に通説がいうように、応神天皇は虚像だったのだろうか。

じつは、応神天皇生誕に至る経過の中に、いくつもの謎が隠されている。そこで、以下しばらく、応神天皇の両親の話をしておかなければならない。

神功皇后も実在しなかった？

応神天皇の父は仲哀《ちゆうあい》天皇で、英雄・ヤマトタケルの子なのだが、影の薄い存在だ。神のいいつけを守らずに、頓死《とんし》してしまう。代わって活躍をするのが、応神の母・神功皇后であった。夫の死後、男装をして新羅《しらぎ》を制圧してしまうのである。

ただし、神功皇后は実在しなかったというのが、史学界の常識となっている。たとえば直木孝次郎は、次のように論を展開する。

四世紀末から五世紀にかけて、倭国が朝鮮半島にしきりに軍事介入し、新羅に攻め入っていたことは、『新羅本紀《しらぎほんぎ》』や広開土王碑文《こうかいどおうひぶん》から確かなことだ。したがって、『日本書紀』が描く神功皇后の新羅征討を、頭から否定することはできない。

しかし、広開土王碑文によれば、倭は新羅に攻め入るだけではなく、高句麗とも戦闘をくり広げていた。倭の侵入に耐えきれなくなった新羅は、高句麗に救援を求めていたのだ。そして倭軍が、かなり北上していたことがわかっている。それが、次の一節だ。

十四年甲辰、而倭不軌、侵入帯方界

この記事から、倭が帯方郡《たいほうぐん》の境付近まで北上していたことがわかる。これは、京畿道《けいきどう》から黄海道《こうかいどう》（朝鮮半島中西部）で、高句麗はこの一帯から倭の軍勢を押し返し、伽耶まで攻め入っていたと記録されている。

直木孝次郎は、当時の日本の最大の強敵が高句麗であったにもかかわらず、神功皇后の半島進出記事の中に、対高句麗戦の事実や、戦いで生まれたであろう英雄たちの姿が現れないのは不自然と指摘し、次のように述べる。

現実に新羅が日本にとって最大の敵手となった六世紀以降の時代に、かつて新羅を文配したことがあるというわずかな記憶をもとにして、新たに形成された物語と考えられるのである。（『古代日本と朝鮮・中国』講談社学術文庫）

さらに直木孝次郎は、神功皇后の新羅征討説話に朝鮮半島最南端の任那《みまな》（伽耶《かや》諸国）のことがまったく記されていないこと、それはなぜかと言えば、この物語が、西暦五六二年の任那滅亡後に考え出されたからだという。また、神功皇后が新羅に攻め寄せると、新羅は戦わずに降伏するが、時代が下った『日本書紀』推古三十一年（六二三）是歳条に描かれた内容とそっくりだとする。新羅国の王は、軍勢が大挙して押しかけると知り、怖じ気付き、服従したという記事である。

崇神天皇陵（奈良県天理市）

また、仲哀天皇が亡くなり、神功皇后が新羅征討に向けて行動を起こす香椎宮《かしいぐう》（橿日宮《かしひのみや》。福岡県福岡市東区）について、直木孝次郎は次のように指摘する。この宮が新羅問題に重要な役割を果たしたという説話は、奈良朝中期に新羅との関係が悪化したとき、再び注目されたという。『続日本紀《しょくにほんぎ》』天平《てんぴょう》九年（七三七）四月一日の条に、「使いを伊勢《いせ》神宮、大神《おおみわ》神社（奈良県桜井市）、筑紫《ちくし》の住吉（福岡市博多区）と八幡（福岡市東区）の二つの社、香椎宮に遣わし、奉幣し、新羅の無礼な様子を報告した」とある。

直木孝次郎は、神功皇后の一件以来、天平九年の記事にいたるまで、香椎宮がまったく正史に登場しなかったことを、「実際にこの宮が四世紀末の新羅征討に関係深い神社であるならば、不思議である」（前掲書）とする。

そして神功皇后は、六世紀から七世紀にかけて林立した女帝たちをモデルに創作されたと結ぶのである。

なぜ神功皇后説話は内容が稚拙なのか

通説のいうとおり、本当に神功皇后は実在しなかったのだろうか。

しかし、どうしてもわからないのは、神功皇后が虚像としたら、なぜ神功皇后の身辺では、「普通なら起こりえないこと」が、起きていたのだろう。それは、「創作にすぎないから」なのだろうか。けれども、一連の話はことごとく神話じみていて、「創作としても、稚拙」なのはどうにも納得できない。

ここで、常識に縛られずに、もう少し神功皇后や応神天皇をめぐる説話を吟味しておきたいのである。

神功皇后と応神をめぐる奇怪な物語は、仲哀天皇の怪死から始まる。『日本書紀』の記事を追ってみよう。

仲哀天皇二年三月、九州の熊襲《くまそ》が背いたので、仲哀天皇と神功皇后は、別々の場所から穴門《あなと》（山口県）に向かった。九月に宮を建てた。これが穴門豊浦宮《あなとのとゆらのみや》（下関市）で、しばらくここに滞在する。仲哀天皇八年正月、一行は筑紫に渡り、橿日宮に入った。

秋九月、群臣に詔《みことのり》し、熊襲を討つための軍議を開いた。すると、神功皇后に神が託《たく》宣《せん》を下した。

「天皇はなぜ、熊襲が服従しないことを憂えるのか。ここは不毛の地で、空しい国だ。それよりも、海の向こうに宝の国がある。目映いばかりの金銀財宝がある。これを新羅国という。もし私を祀るなら、戦わずしてその国を服従させることができるであろう。また、熊襲も靡くであろう」

しかし仲哀天皇は、神の言葉を信じず、「私を欺こうとしているのではないか」と疑う。そして、「皇祖や諸々の天皇、神々をみな祀りましたが、まだ漏れた神がいるのでしょうか」と神を疑い続けるのである。

すると神は、

「これほどはっきりと見えるこの私を、なぜ誹謗するのか。信じないのなら、あの国を得ることはできないだろう。今皇后は孕んでいる。その子（これが応神）が得ることになるだろう」

と告げたのだった。しかし、仲哀天皇は神を無視し、熊襲を攻めるも、破ることはできなかった。すると九年の春二月五日、仲哀天皇は発病し、翌日亡くなってしまった。

『日本書紀』はその原因を、次のように述べる。

即《すなは》ち知《し》りぬ、神の言《みこと》を用《もち》ゐたまはずして、早《はや》く崩《かむあが》りましぬることを

神を信じなかったために、仲哀天皇は死んだと言う。神功皇后は、仲哀天皇の喪を秘し、武内宿禰は天皇の遺骸を穴門に遷し、火を消して殯《もがり》をした。こののち新羅征討を敢行したため、天皇の遺骸を葬ることはできなかったと、『日本書紀』は特記する。

神功皇后の新羅征討

ここから神功皇后紀の巻に移る。

神功皇后は祟る神の存在を知り、名を問いただした。すると、伊勢の撞賢木《つきさかき》厳之《いつの》御魂《みたま》天疎向津媛命《あまさかるむかつひめのみこと》（天照大神か）、尾田《おだ》の吾田節《あがたふし》の淡郡《あわのこおり》にいる神（稚日女尊《わかひるめのみこと》）、天事代虚事代玉籤入彦厳之事代神《あめにことしろそらにことしろたまくしいりびこいつのことしろのかみ》（出雲神・事代主神）、そして表筒男命《うわつつのおのみこと》・中筒男命《なかつつのおのみこと》・底筒男命《そこつつのおのみこと》（住吉三神《すみよしさんしん》）であったという。

そこで神功皇后は、神々を祀り、熊襲国《くまそのくに》を討たせると、あっけなくあちらから投降してきた。神功皇后は南下し、山門県《やまとのあがた》（福岡県みやま市）の土蜘蛛《つちぐも》・田油津媛《たぶらつひめ》を討ち取ると反転し、新羅征討の準備に取りかかる。

このとき皇后は懐妊し産み月に入っていた。そこで皇后は、腰に石を挟み、「ことを

成し遂げたのち、この地で生まれますように」と祈禱《きとう》し、船を出した。

冬十月、和珥津《わにのつ》（長崎県対馬《つしま》市鰐浦《わにうら》）から新羅に向けて出航した。この時、風の神は風を起こし、海の神は浪をあげ、海の中の大魚は浮かびあがり船を押し、櫂を漕がなくともあっという間に新羅に着いてしまった。この様子を観た新羅の王は怖じ気づき、なすすべを知らなかった。

「新羅の国の建国以来、これほど海が盛りあがったことはなかった。天運が尽き海中に没してしまうのであろうか」

そうしている間に倭の軍勢は充ち満ち、旗は陽の光を受けて輝いていた。新羅王は恐れおののき、

「私は聞いている。東の方角に日本という神の国のあることを。また、聖王がいらっしゃいます。それを天皇と申し上げます。おそらくその国の神の遣わした兵たちに違いない。どうして戦って勝つことができよう」

こうして新羅王は降伏し、以後、調《みつぎ》を奉る約束をしたのである。

神功皇后は矛を新羅王の門に立て、征伐の印とした。今でも新羅王家の前に立っているという。

隣国の百済《くだら》や高麗《こま》（高句麗）も噂を聞きつけて様子を見にやってきたが、日本の軍勢の威に圧倒され、軍門に下った。

神功皇后は十二月、筑紫に凱旋し、宇瀰《うみ》（福岡県糟屋《かすや》郡《ぐん》宇美《うみ》町《まち》か）で誉田別皇子《ほむたわけのみこ》（応

神天皇）を産み落とした。

　これが、応神天皇生誕にいたる経緯である。神話じみていることはもちろんのこと、多くの謎が、説話の中に隠されている。

皇位継承法からみた応神天皇の実在性

吉井巌《よしいいわお》は『天皇の系譜と神話』（塙書房）の中で、「応神には物語的人物としての印象と、新王朝初代の天皇としての歴史的実在者としての印象がたしかに交錯してゐる」とした上で、応神天皇は実在しただろうかと、以下の疑念を提出した。要約する。

（1）応神天皇の出生記事が、父親の仲哀紀に記されていない。これは、例外の範疇に入る。他の同様の例の場合、その人物が「天皇たる身分の者の子ではなく、天皇の孫以下の存在」であることは注意を要する。応神天皇は仲哀天皇の子と記されるが、仲哀紀に出生記事を載せないのは、仲哀天皇と応神天皇の間に疎遠な関係のあったことを示しているのではないだろうか。
（2）応神の母・神功皇后（オキナガタラシヒメ）が皇統に定着するのは、息長《おきなが》氏が「タラシ系」の系譜を積極的に展開し、皇統に結びつくことのできた天武《てんむ》朝以後のことと思われる。応神即位以前の説話の中に応神独自の伝承がなく、ほとんどがオキナガタラシヒメとのかかわりの中で語られているのは、応神の説話も天武朝以後に付加されたからではないか。
（3）『古事記』は、仲哀天皇と神功皇后の間の子を「ホムヤワケとオオトモワケ（応神）」とし、オオトモワケの名の起源伝承を持つ。また、オオトモワケ説話はオキナガタラシヒメの伝承とともに語られる。すると「ホムダワケ（応神の「亦の名」）」は、別の経路で伝わった可能性がある。
（4）応神天皇の御陵《ごりよう》は「川内《かわち》の恵賀《えが》の裳伏岡《もふしのおか》（大阪府羽曳野市誉田《はびきのこんだ》）にある」と、『古事記』に記される。墓は河内にあって、河内王朝の始祖王とも目される応神天皇だが、即位後の物語は、ヤマトの南部が中心で、河内や摂津地方が少ない。

では、この疑念を、どうやって解きほぐしていけばよいのだろう。吉井巖は応神天皇の正体を暴くひとつのヒントは、『古事記』が応神天皇を描く「原理」の中に隠されているという。具体的には、応神天皇の息子たちの皇位継承をめぐる説話である。

応神記の物語には、帰化人物語を除くと、応神天皇という人物を説く物語は何もなく、物語の主人公はふたりの子（宇遅能和紀郎子《うぢのわきいらつこ》と大雀命《おほさざきのみこと》［『日本書紀』には大鷦鷯尊《おほさざきのみこと》］。大雀命が即位して仁徳天皇になる）の皇位継承をめぐる話であったと指摘した。

そこで、少し回り道になるが、『古事記』の宇遅能和紀郎子と大雀命の説話を、追ってみよう。

応神天皇は皇太子に宇遅能和紀郎子を据えていた。応神天皇が亡くなると、大雀命は素直に弟に皇位を譲ろうとしたが、大山守命は、弟（宇遅能和紀郎子）を殺し天下を得ようと企み、密かに兵を準備し攻めようとした。大雀命は兄の反乱計画を知り、宇遅能和紀郎子に知らせた上で、計略を用いて大山守命を討ち取った。

乱を制したのちも、宇遅能和紀郎子は即位しようとしない。譲り合い、埒《らち》が明かなかった。結局、宇遅能和紀郎子が早世され、大雀命が即位された……。

この三人の皇子が絡み合う物語の趣旨は、まず天皇が末子を慈しみ、皇位継承者に指名したところから始まる。そして、これに反発する者の滅亡を経て、家父長制的で儒教的な長子相続を末子の宇遅能和紀郎子が提案した。大雀命は拒むが、結局宇遅能和紀郎子が夭折《ようせつ》したことによって、皇位は大雀命が継承したのである。

この物語は、末子相続観念から長子相続観念へと移りゆく過渡期的混乱が語られるように見える。ところが吉井巌は、この話は、応神天皇の時代の事実に基づく話ではない、という。なぜなら、当時の皇位継承法は、「親から子」ではなく、兄弟相承と大兄制を交えたもので、現実には、応神天皇亡き後、応神の兄弟にも、皇位継承権はあったからだ。

また宇遅能和紀郎子は「長子相続が正しい姿」と述べているが、そうなると皇位を継承すべきは大山守命ということになり、話は矛盾する。

結局一連の話は、応神天皇の時代の史実ではなく、主題や構想は、新しい時代から借りられた事実に基づく、という。また、息長帯比売《おきながたらしひめ》伝承を息長氏が、宇遅能和紀郎子像を和邇《わに》氏が造り上げ、『古事記』の説話に紛れ込ませることに成功したというのである。

応神天皇を創作したのは継体天皇？

そこで改めて問われるのは、応神記を貫く原理は何だったのか、ということである。ひとつは宇遅能和紀郎子を顕彰することであり、ひとつは大雀命の即位を語ることだったと吉井巖は言う。

そして、応神記を改めて見つめ直せば、帰化人の物語と「宇遅能和紀郎子や大雀命の皇位継承問題」であって、応神天皇の実在性を証明するものは何もない、という。つまり、応神は仁徳王朝の始祖的人物であるが、本当の王朝の初代・仁徳とは異質な非実在の人物だ、というのである。

ならば、実在しなかった応神天皇が、なぜ皇統に紛れ込んだのだろう。

吉井巖は次のように指摘する。まず、『日本書紀』や『古事記』の記述は、「王朝は聖帝にはじまり悪帝に終わる」という中国的な思想に基づいて書かれていると言う。のちに詳述するが、「河内王朝の実在した始祖王・仁徳天皇」は明らかに聖帝として登場するし、「河内王朝最後の天皇・武烈天皇」は、悪逆非道の人物として描かれている。

そうなると、河内王朝は「仁徳→武烈」とつながっていて、応神天皇は、必要ない。

ではなぜ、応神天皇も、河内王朝の始祖王として、仁徳天皇の前に登場していたのだろう。それは、継体朝の出現と大いにかかわりがあるというのだ。

継体天皇は越《こし》（北陸）から畿内に進出してきたが、河内王朝の女人を娶ることによって、ヤマトの王になった。

一般的に、継体天皇は新王朝を開いたと考えられているが、もし仮に、継体天皇が初代仁徳天皇から枝分かれしたという系譜を造った場合、これは、「分家」となる。ところが、仁徳天皇の父＝応神天皇を始祖王に仕立て上げ、始祖王から分かれたのが継体天皇の家系ということにすれば、先王朝と同等の系譜が造作できるというのである。

つまり、応神天皇をでっちあげたのは継体王朝だったということになる。

このように論証してきた吉井巌は、最後に「ホムダワケ」の名の「語構成」がイザホワケ（履中《りちゅう》天皇）、ミヅハワケ（反正《はんぜい》天皇）など、仁徳王朝の諸天皇とよく似ていることと、実名に近い響きをもっていることから、応神天皇実在説の根拠になっている点に対し、反論を加えている。

理由は、応神記に載る次の歌謡《かよう》だ。『古事記』には、吉野の国栖《くず》らが、大雀命の佩く太刀をみて歌ったもの、と記されている。

品陀《ほむた》の　日の御子　大雀《おほさざき》　大雀　佩《は》かせる大刀《たち》　本《もと》つるぎ　末《すゑ》ふゆ　冬木《ふゆき》如《の》す　から
が下樹《したき》の　さやさや

問題は、「品陀の日の御子」をどう解釈するかだ。そして事実、この一節を古くは「応神の子」と言えば、応神天皇を連想する。ただし、次第に「応神の子」ではなく、「仁徳本人」をさしているにすぎないと考えられるようになって定説化した。

これを踏まえた上で、吉井巌は、「ホムダノヒノミコ」を、「代々の仁徳王朝の支配者を呼ぶ場合の普通名詞風な呼称であった」と指摘し、「仁徳もホムダノヒノミコと呼ばれてゐたことだけは、不都合な事実として消し去るわけには行かない」と述べ、応神天皇は実在しなかったと、結ぶのである。

通説は応神と仁徳を同一人物とみなす

直木孝次郎は『直木孝次郎古代を語る5　大和王権と河内王権』(吉川弘文館)の中で、吉井巌の考えにほぼ同調し、さらに補足を加える。

『古事記』の仁徳天皇の段と『日本書紀』の応神天皇の段の説話を見比べると、いくつかの点で、似ている話が存在するという。

仁徳記には、丸邇池《わにいけ》や依網池《よさみいけ》を造ったとあり、応神紀にも、名は異なるが、多くの池を造ったとある。

仁徳記の黒日売《くろひめ》と応神紀の兄媛《えひめ》の物語がよく似ている。吉備の海部直《あまべのあたい》の娘・黒日売は仁徳天皇に召し上げられたが、大后《おおきさき》の妬みを恐れ、逃げ帰ってしまった。天皇はあとを追って、淡路《あわじ》と吉備に向かった。

対する応神紀の兄媛の物語はこうだ。吉備臣の祖・御友別《みともわけ》の妹・兄媛は応神天皇の妃だった。ところが、故郷の父母が懐かしくなり、吉備に帰っていった。応神天皇はあとを追い、淡路、吉備に向かった。

若干の差はあるが、天皇が女性を追って、淡路、吉備へと向かったという話は同じで、応神天皇と仁徳天皇はもともと同一であった可能性を示していると、直木孝次郎は言う。

さらに、仁徳記には、次のような話がある。菟寸河《とのきがわ》（大阪府高石市《たかいし》付近）の西に、高い木があった。影は朝日が当たれば淡路島《あわじしま》まで届き、夕日が当たれば高安山《たかやすやま》を越えた。この木を伐って造った船は、非常に速く進んだ。その船を名付けて「枯野《からの》」という。

一方応神紀には、伊豆（静岡県）で造られた船の話がある。若干内容が異なるが、同じ「枯野」という船の名が登場することから、直木孝次郎は、「それが応神の話になったり仁徳の話になったりするのは、もと両天皇が一体であったことを思わせる」と述べる（前掲書）。

応神記に、「酒を醸《かも》すことをよく知る人＝須々許理《すすこり》」が渡来したという記事があり、『新撰姓氏録《しんせんしょうじろく》』には、仁徳天皇の時代、「酒造りの才に恵まれた曾々保利《そそほり》兄弟が韓国《からくに》からやってきた」と記される。

須々許理と曾々保利はよく似ていて、直木孝次郎は、同じ人物とみなす。同じ人物がふたりの人物に仕えたのは、応神と仁徳の区別がはっきりとしない時期があったからだろうと、直木孝次郎は考える。

もうひとつ、髪長比売《かみながひめ》（髪長媛《かみながひめ》）の例を挙げている。

髪長比売に関して、『日本書紀』も『古事記』も、応神天皇の段によく似た記事を載せている。問題は、髪長比売を父（応神天皇）と子（仁徳天皇）で奪い合うという内容だからだ。しかも、同様のケースは数例みられ、皆悲劇的な結末を迎えているのに、応神天皇は髪長比売を息子にあっさり譲ってしまっている。それはなぜかと言えば、親子がもともと同一だったから、という。

これらの例を挙げた上で、直木孝次郎は次のように述べる。

もと両者は一体・一人格であり、大阪平野を基盤に勢力を築いた王朝の初代の大王として、実在したと考える。本来の名はホムダワケであり、やや年代をへてオオサザキの別称を生じ、さらに時代が下って二人の大王に分化し、一方のホムダワケは始祖として神秘的・神話的な性格をにない、オオサザキはその後継者として現実的な性格をもって語られるようになったのであろう。（前掲書）

なるほど、吉井巌や直木孝次郎の指摘を総合すれば、応神天皇と仁徳天皇は同一人物であったように思えてくる。そして、多くの史学者が、「応神天皇は実在しなかった」

と頷きあっている。

河内王朝論では説明のつかない応神天皇の謎

では、本当に応神天皇は仁徳天皇と重なってしまうのだろうか。

もし、これが正しければ、応神天皇論は、これ以上語る必要はなくなる。

けれども、「応神＝不在論」には、いくつかの問題が隠されている。

まず第一に、水野祐の唱えた三王朝交替論が固定観念化され、第十代崇神天皇の王家は、河内王朝に取って代わられたという前提で、論議が進んでいることだ。しかし、「応神や仁徳が、河内王朝の始祖王だった」という大前提を取っ払ってみると、吉井巌や直木孝次郎の主張は、通用しなくなるのである。

そして次章で述べるとおり、「河内王朝＝新王朝」とするこれまでの常識は、「天皇家は万世一系であるはずがない」という、戦後史学界で湧きあがった「理念」から生み出されていた可能性が高い。そして、これものちに詳述するように、すでに河内王朝論は破綻しているのである。

そして第二に、多くの史学者が言うように応神天皇が実在しなかったのなら、なぜ応神天皇の身辺に、奇妙奇天烈な伝承がまとわりつくのだろう。

「実在した始祖王＝仁徳天皇のコピーが応神天皇だった」あるいは、「継体天皇の王家を格上げするために応神天皇が皇統譜に紛れ込んだ」というのが、応神天皇不在論の主張である。

しかしそうなると、説明のつかない怪現象が、いくつも出現する。

もっとも不可解なのは、応神天皇の誕生にまつわる説話だ。

福岡県宗像《むなかた》市の宗像大社《むなかたたいしゃ》の伝承によれば、宗像神《むなかたしん》の子が住吉大神で、住吉大神の子が、八幡神《はちまんしん》（応神天皇）だという。荒唐無稽な話で、史学者は無視するが、遠く離れた大阪府住吉《すみよし》区の住吉大社の伝承にも、よく似た話がある。それが、『住吉大社神代記《すみよしたいしゃじんだいき》』で、仲哀天皇が亡くなられた晩、神功皇后と住吉大神は、夫婦の秘め事をしたという。

またまた、信憑性のない民間伝承と思われよう。しかし、『日本書紀』や『古事記』の話を総合すると、「ひょっとしたらひょっとする」のである。

住吉大社では、住吉大神とともに、神功皇后（姫神）が主祭神として祀られる。仲哀天皇は除け者にされ、住吉大神と神功皇后が仲良く並んでいるのは、妙にひっかかる。住吉大神が神功皇后と結ばれたという話は、『住吉大社神代記』だけのものではないから問題である。

『八幡宇佐宮御託宣集《はちまんうさぐうごたくせんしゅう》』は、「住吉縁起」の記事を紹介するという形で、大帯姫《おおたらしひめ》（神功皇后）が敵を破りたいと神に祈ると、住吉大明神《だいみょうじん》が出現し、神功皇后と結ばれ、のちに八幡が生まれたという。「筥崎宮《はこざきぐう》縁起延喜廿一年六月一日神記」には、八幡大菩薩《だいぼさつ》が、「母は香椎宮（神功皇后）、父は住吉」と語る場面がある。

このように、神功皇后や応神（八幡神）を祀る神社では、仲哀天皇を無視する場合が少なくない。仲哀天皇はどこに消えたのか。

仲哀天皇に祟りをもたらしたのは住吉大神

そこで、まず知っておきたいのは、住吉大神と神功皇后の関係である。どうやら住吉大神は、仲哀天皇に祟りをもたらした神らしい。

仲哀天皇が崩御《ほうぎょ》されたあとの三月、祟る神の存在を明らかにしようと神功皇后の行動を、『日本書紀』は次のように記す。すなわち自らが神主《かんぬし》となり、神を呼び寄せるために武内宿禰に琴を弾かせ、中臣烏賊津使主《なかとみのいかつのおみ》を審神者《さにわ》（神の言葉を明らかにする者）とした。天照大神や稚日女尊、事代主神、住吉大神が現れた先述の場面だ。おそらく仲哀天皇が神の怒りを買った場面でも、これらの面々が揃っていたということだろう。

一方『古事記』は、少し違う記事を載せる。神功皇后（息長帯日女命《おきながたらしひめのみこと》）が筑紫の訶志比宮《かしひのみや》（橿日宮）で熊襲国を討とうとするときのことだ。仲哀天皇は御琴を弾き、建内宿禰《たけのうちのすくね》（武内宿禰）は沙庭《さにわ》（託宣を聞き取る聖なる場所）にいて、神のお告げを求めた。ここに大后に依り憑いた神が、次のように述べられた。

「西の方角に国がある。金銀だけではなく、目も眩むほどの宝のたくさんある国だ。私はその国を帰伏させようと考えている」

ところが仲哀天皇は、「高いところに登って西の方を見やったが、何も見えなかった」

と言い、嘘をつく神だと思い、御琴を押しのけ、弾かずに黙ってしまった。神は大いに怒り、次のようにおっしゃった。

「この天下は、お前が統治するべきではない。お前はどこか、ひとつところを向いていなさい」

ここにある「ひとつところを向いていなさい」の原文は「汝者向一道」で、読み下すと「汝は、一道《ひとみち》に向《むか》へ」とあり、「一道」は黄泉国《よみのくに》とされている。

神の怒る様を恐れた建内宿禰は、仲哀天皇に、「恐れ多いことです。どうか、御琴をお弾き下さい」と申し上げた。すると仲哀天皇は、ようやく御琴を引き寄せ、乗り気もない素振りで弾いていた。するとしばらくして、御琴の音が絶えてしまった。火をかかげて様子を見ると、すでに崩御されていたのである。

さて、問題はここからだ。建内宿禰は後日、託宣を下した神の正体を見極めようと考え、問いただしてみた。すると、「天照大神の御心《みこころ》」であるとともに、住吉三神の意志であることを知った。ただし、本来は住吉大神だけだったのだが、後の世に天照大神が付け足されたようだ。その証拠に、新羅征討の船には、住吉大神の御魂《みたま》を鎮座《ちんざ》させるように命じている。新羅を負かした一行は、御杖《みつえ》を新羅国王の門に突き立て、墨吉《すみのえ》大神（住吉大神）の荒御魂を国を守る神として祀り鎮《しず》めて帰ってきた、とある。一連の説話の影の主役は、住吉大神であり、仲哀天皇に祟りをもたらしたのも、住吉大神である。

ならば、神社伝承の言うとおり、応神天皇は、住吉大神の子なのだろうか。

神功皇后は憑依性精神障害なのか

そこで注目されるのが、応神天皇の誕生日をめぐる疑念である。

応神天皇は仲哀天皇九年十二月十四日に生まれたと、『日本書紀』は記録する。天皇といえども、「誕生日」が明確に記録されているのは例外中の例外なのである。

しかも、父親の仲哀天皇は、同年春二月五日に体調を崩し、翌日亡くなったと記される。もし仮に、仲哀天皇と神功皇后が、二月五日の夜に、夫婦の営みをしていれば、この日を入れてまさに十月十日後が、応神の生まれた十二月十四日になる。

しかも『日本書紀』は、「神功皇后は石を腰に挟んで産み月を遅らせた」といっている。これは、「応神は十月十日以上たって生まれた」ことを強調しているのであって、アリバイ証明にほかならない。応神天皇は仲哀天皇の子と、『日本書紀』は記しているのだから、この「余計な話」は、かえってあらぬ疑いを生む。

推理作家の高木彬光《たかぎあきみつ》は『古代天皇の秘密』（角川文庫）のなかで、この数字の符合を「あまりにも作為的」と述べる。

安本美典《やすもとびてん》は『応神天皇の秘密』（廣済堂出版）の中で、「応神天皇は、日本の古代史上に屹立《きつりつ》するスフィンクスである。謎の人物である」「その謎は、応神天皇陵古墳ほどにも大きい」と述べ、もっとも大きい謎は出自にあると言い、問題は、応神天皇が仲哀天皇の死後に生まれたことだと指摘する。

応神天皇の誕生日は、「人間は十月十日で生まれる」という知識にもとづいて造られた記事だと、安本美典は言う。

一方、統計的に言えば、胎児は十月十日よりも早く産まれ落ちる（二八〇日±十七日）のだから、応神天皇は仲哀天皇の子ではないと指摘する。

優れた古代史研究家であるとともに心理学者でもある安本美典は、精神病理の観点で、仲哀天皇と神功皇后の夫婦の関係を推理する。

仲哀天皇は神功皇后の「憑依現象」によって得られた「神託」を無視したために死んだと『日本書紀』や『古事記』は言う。この「憑依現象」「神懸《かみがか》り」は、琴など楽器や楽物を使い、全身を躍動させるなどして忘我《ぼうが》（トランス）状態に陥ることで、これを今日的、科学的に分析すると、「憑依性精神病」「憑依症候群」「多重人格」「二重人格」で、憑依状態は「数分から数時間続く発作」ということになる。

安本美典は、「神懸り」を、現実に神が存在するから起きるのではなく、「本人のもつ、別の人格状態」だとした上で、「心のなかにひそんでいた思いが、神のことばの形をとってのべられている」とする。

その上で、神託の内容をまとめると、次のようになる。

西の新羅を伐つべきだ。ただしこの国は、仲哀天皇の治めるべき国ではない。「汝（お前）」と天皇を名指しし、死の国へ行けと述べ、皇后の腹の中の子が新羅を治めるべきだ、と述べている。

この神託（神功皇后の心のなかの思い）から察して、新羅を欲していたのは神功皇后であり、仲哀天皇と神功皇后の夫婦仲の悪さを推理した。そして、応神天皇は本当に仲哀天皇の子だったのか、と疑う。

絢爛《けんらん》たる閨閥《けいばつ》の誕生？

安本美典は謎を解く前に、応神天皇の出自をめぐる、いくつかの説を羅列した。それを要約する。

（1）騎馬民族出自説
江上波夫《えがみなみお》は応神天皇を騎馬民族系統の人物とみなした。また、神功皇后は架空の存在とする。応神天皇は騎馬民族征服の第二段階で、北部九州から畿内に進出し、最初の統一国家を築いたのが応神とする。

（2）九州地方の豪族説
井上光貞《いのうえみつさだ》は『日本国家の起源』（岩波文庫）などで、応神を実在の確かな最古の天皇とした上で、北部九州の豪族で、征服者として新王朝を築いたとする。

（3）大阪平野を地盤とする豪族説（河内王朝説）
直木孝次郎、岡田精司《おかだせいし》、上田正昭《うえだまさあき》らが唱えた。大阪平野の豪族が、瀬戸内海の制海権を握って新政権を樹立した。応神天皇は、河内王朝の始祖（あるいは、仁徳天皇と同一人物）という。

（4）父は武内宿禰とする説

推理作家・高木彬光は、『古代天皇の秘密』の中で、仲哀天皇以外の人物で応神天皇の父の可能性があるのは、いつも皇后の側についていた武内宿禰と推理した。

これらの説の（1）〜（3）は、戦後史学界の悪しき慣習から出された推理だ、という。すなわち、『日本書紀』や『古事記』の記述は信用できず、否定してかかるという精神であり、文献的根拠の希薄な王朝交替説だとする。王朝交替が本当に起きていたのなら、なぜ新王朝は歴史書のなかで、系譜を造作してつなげる必要があったのかと述べ、（4）の説に賛同している。つまり、応神天皇は神功皇后と武内宿禰の間の子というのである。

理由は、古文献や考古学の諸事実を、無理なく説明できるから、という。神功皇后が仲哀天皇に対してもっていた潜在的な殺意や応神天皇誕生にまつわる不自然さを考えると、武内宿禰が応神の父であった蓋然性は、高くなるという判断である。

武内宿禰の末裔は、天皇家の外戚となることに成功し、武内宿禰の遺伝子が、王家のなかでくり返し増幅されていたと安本美典は指摘し、それを「絢爛たる閨閥」とみなす。その上で、次のような図式を描いている。

神功皇后と武内の宿禰とは、事前に計画をたて、仲哀天皇と大和朝廷の主要な軍隊とを九州に導きだし、そのうえで、仲哀天皇に死をもたらし、生じうる混乱は、軍隊の目を外征にむけさせることによってさけ、軍隊を把握し、連戦によってきたえられた軍隊をひきいて、畿内大和の香坂《こうさか》の王や忍熊《おしくま》の王の勢力を破砕したのかもしれない。もし、そうであるとすれば、それは、陰謀とよぶのにふさわしい。（前掲書）

はたしてこのような推理が成り立つかどうかは別として、応神天皇の父が武内宿禰であった可能性は、高いといわざるを得ない。

『古事記』に記された、仲哀天皇が亡くなる場面を思い出してみよう。この時、仲哀天皇のそばに控えていたのは、神功皇后と建内宿禰（武内宿禰）だけだった。『住吉大社神代記』は、この晩、神功皇后と住吉大神は夫婦の秘め事をしたと証言する。現実に神功皇后のそば近くに侍っていたのは建内宿禰だったから、安本美典が推理するように、現実に神功皇后と結ばれたのは、建内宿禰だった可能性が出てくる。

けれども、だからといって、このまま論を進めるべきではないこともわかっている。もし通説が言うように、河内王朝が新王朝であるならば、応神天皇が架空であった可能性は高まってくるからだ。応神天皇を語るためには、河内王朝論をはっきりとさせておかなければならない。四世紀末から五世紀のヤマトと河内で何が起きていたのか、明確にする必要がある。

そこで次章では、史学界の常識となってしまった河内王朝論とはどのような考えなのか、素直に受け入れるべきなのか、はっきりとさせておこう。

第二章　河内《かわち》王朝《おうちょう》と応神天皇

河内王朝はどこからやってきたのか

応神天皇は、古代史最大の謎と言っても過言ではない。実在したのかしなかったのかもわからない。

そこで改めて明らかにしておきたいのは、そもそも、河内王朝論とは、どのような考えなのか、ということである。

まず、江上波夫《えがみなみお》の騎馬民族王朝説がある。中国の東北部から朝鮮半島に暮らしていたモンゴル系狩猟騎馬民族が、征服劇をくり返し、河内に王朝を開いたという。その証拠に、古墳時代前期から中期にかけて、副葬品の内容ががらっと変わっている。すなわち、前期は呪術的で祭祀的、平和的な、東南アジア的で、農耕民族の香りを残すのに対し、中期になると、現実的、戦闘的、王侯貴族的で、北方アジア的、騎馬民族的な文化に急変するというのである。

朝鮮半島西南部の先住民を圧倒した騎馬民族は、百済《くだら》を建国し、文化は隣の伽耶《かや》諸国に普及した。そして四世紀の初めに、騎馬民族は北部九州に到達し、まず第一の建国を果たした。この時の王が『日本書紀』に登場する第十代崇神《すじん》天皇で、第十五代応神天皇が、河内に移り、第二の建国を果たしたという。

一世を風靡《ふうび》した考えだが、次第に色褪《いろあ》せてきている。佐原眞《さはらまこと》が『騎馬民族は来なかった』（日本放送出版協会）の中で詳述するように、五世紀の突発的な古墳文化の変化は、厳密にいえば、証明できない。朝鮮半島南部に騎馬民族の文化が色濃く残ることはたしかにしても、北部九州には、騎馬民族の痕跡が見出せないとするのである。

とはいっても、騎馬民族王朝説は戦後の史学界に刺激を与え、「万世一系の天皇家」や皇国史観《こうこくしかん》を打ち破る役目を果たした。また、影響力は大きく、いろいろな考えを産み出す起爆剤となった。そのようななかで、水野祐《みずのゆう》の「三王朝交替説」が出現し、注目を集めた（『日本古代王朝史論序説』早稲田大学出版部）。

水野祐は、大化改新《たいかのかいしん》以前、血縁関係のない三つの王朝が順番に立ったと指摘した。『日本書紀』がこの事実を記録しなかったのは、律令制官僚統一国家機構が確立する段階に成立した社会秩序の基本的な姿を、系譜の上（ようするに万世一系という概念）に求め、三つの王家を一つの流れに統一してしまったからだろう、と推理したのである。

そして水野祐は、次のように論を展開していく。

西暦二〇〇年頃、司祭的な王をいただくヤマトの「先王朝」を、呪教王朝である崇神王朝が継承し、日本で最初の王朝を開いたという。これが「古王朝」で、呪術的な要素の濃い王朝だった。

ところが、仲哀《ちゅうあい》天皇が九州遠征で熊襲《くまそ》に敗れ、古王朝は滅亡する。熊襲の国は、「魏《ぎ》志倭人伝《しわじんでん》」に登場する狗奴国《くなこく》の後裔たちが日向の地に四世紀頃建国した国だという。そして四世紀後半、彼らが東遷して、ヤマトを占領した。これが「中王朝」で、始祖は第十六代仁徳《にんとく》天皇（水野祐は仁徳天皇と応神天皇を同一人物とみなす）で、第二十五代武《ぶ》烈《れつ》天皇まで続くのだという。この王朝の特徴は、河内に古墳が多いということだ。

そして、六世紀初頭、越《こし》（北陸）から継体天皇がやってくる。大伴《おおとも》氏が擁立したのだという。これが「新王朝」で、今日につづく王家が、誕生したという。また、はじめて統一国家を樹立したことから、「統一王朝」とも呼べるという。これが、水野祐の三王朝交替説の概要である。

水野祐の考えは史学界に衝撃を与え、直木孝次郎《なおきこうじろう》、井上光貞《いのうえみつさだ》、上田正昭《うえだまさあき》、岡田精司《おかだせいし》、吉井巌《よしいいわお》らが、次々と王朝交替説を唱え始めた。

そして、河内王朝説にも、おおよそ四つの流れができた。（1）騎馬民族か九州の勢力がヤマトに移動し、王朝を樹立した（江上波夫、井上光貞）。（2）河内土着の勢力が成長し、王朝を開いた（岡田精司、直木孝次郎）。（3）三輪《みわ》王朝が衰退し、その後河内の勢力が王朝を立てた（上田正昭）。（4）ヤマトと河内の有力部族が王朝を築き、権力の中心地は移動した（笠井敏光《かさいとしみつ》、白石太一郎《しらいしたいちろう》）、ということになる。

そして、応神天皇についても、同様に、微妙に差のある考えが提出されている。すなわち、応神天皇が九州で生まれたことを認める考えや、応神天皇はもともと大阪平野と大阪湾周辺の出身だとする説に分かれた。ただし、細かい差はあるものの、（1）崇神天皇、（2）応神天皇、（3）継体天皇の三つの政権が現れたという点に関しては、ほぼ一致し、今日の通説の基礎を築きあげたのである。

河内王朝論の論拠

一般に応神天皇は、河内王朝の始祖と目されている。ならば、通説の述べる論拠を、改めて探ってみよう。

『日本書紀』応神二十二年三月五日条には、天皇が難波《なにわ》に幸《いでま》し、大隅宮《おおすみのみや》（大阪市東淀川区）に留まったと記される。そして応神四十一年二月条に、天皇が明宮《あきらのみや》（奈良県橿原市大軽）で崩御《ほうぎょ》されたといい、分注には、「一《ある》に云《い》はく」として、「大隅宮で亡くなった」と別伝を載せている。もし分注の方が正しければ、応神天皇は後半生を難波で過ごしたことになる。

応神天皇の子の仁徳天皇は、「難波に都を造った」と『日本書紀』はいい、これが高津宮（大阪市中央区。のちの難波宮《なにわのみや》のあたりか）だったという。また、次の履中《りちゅう》天皇、さらにその次の反正《はんぜい》天皇も、難波や河内にかかわっていく。それ以前の大王は、ことごとくヤマトに宮を建てていたから、これは大きな変化で、だからこそ応神以下の四代を「河内王朝」と呼び習わすようになった。

応神天皇以下、いわゆる河内王朝の墳墓は、大阪府の羽曳野《はびきの》市、藤井寺《ふじいでら》市、堺《さかい》市に築かれている。これが古市《ふるいち》古墳群や百舌鳥《もず》古墳群で、巨大な前方後円墳が居並ぶ。陵墓《りょうぼ》が河内平野にあったのだから、政治の中心も河内に移っていたに違いないというのが、河内王朝論者の言い分である。

問題は、河内王朝の面々が、ヤマトの王家が継続したものなのか、あるいは新王朝なのか、ということになる。戦後の史学界は、「河内王朝は新王朝」と考える。

理由はいくつもある。まず第一に、天皇の名の変遷があげられる。

第十代崇神から第十九代允恭《いんぎょう》にいたる歴代天皇の和風諡号《わふうしごう》を並べると、次のようになる。

（一〇）ミマキイリヒコイニエ、（一一）イクメイリヒコイサチ、（一二）オオタラシヒコオシロワケ、（一三）ワカタラシヒコ、（一四）タラシナカツヒコ、（一五）ホムダワケ、（一六）オオサザキ、（一七）オオエノイザホワケ、（一八）タジヒノミズハワケ、（一九）オアサツマワクゴノスクネ。

つまり、「イリ」が二代、「タラシ」が三代続いたあとに、応神天皇以降は、毛色が変わってくる。河内王朝説をとる人たちは、これを「ワケ系」とみなし、それ以前と系譜の断絶があったのではないか、と推理するのである。

応神天皇や次の仁徳天皇が「始祖王」ではないかとする考えは、根強いものがある。

たとえば、『古事記』の中巻は初代神武天皇から第十五代応神天皇までを扱うが、その内容は「史実」とはみなしにくく、神話の域を超えていないと指摘される。『古事記』の第十二代景行《けいこう》天皇の段には、景行天皇の話はほとんど記されず、その代わり倭建命《やまとたけるのみこと》（日本武尊《やまとたけるのみこと》）の「物語」が綴られる。さらに、倭建命の子が仲哀天皇で、神の意志に逆らったために急死し、神功皇后《じんぐうこうごう》は神託通りに行動し、船団を組み、朝鮮半島に乗り込み、新羅《しらぎ》を圧倒したのだった。この時、応神天皇は神功皇后のお腹の中にいて、のちに即位することを約束されていたという。だから「胎中天皇《たいちゅうてんのう》」と呼ばれたのだが、この物語は、天津彦彦火瓊瓊杵尊《あまつひこひこほのににぎのみこと》の天孫降臨《てんそんこうりん》神話によく似ているとされる。すでに触れたように、天津彦彦火瓊瓊杵尊は「胞衣《えな》」にくるまれて地上界に降ろされたが、「胞衣」と「胎中」は同じ意味をもっている。つまり応神天皇は、神話の世界から始祖王として、北部九州の地に降臨したことになる。

『日本書紀』の掲げる系譜を信じるならば、応神天皇は仲哀天皇と神功皇后の子ということになる。しかし、成務《せいむ》、仲哀の両天皇の実在性は乏しいと考えた井上光貞は、崇神、垂仁、景行と応神には血のつながりがなく、応神は景行天皇の曾孫のナカツヒメを娶ることで、新たな王家を開いたと考えた。また吉井巌は、崇神と垂仁の王家が「イリヒコ」の名に彩られていることから、崇神天皇の孫・タカキノイリヒメを娶って、応神は新王朝を開いたと推理する。いずれにせよ、応神が入り婿の形で新しい王朝を開いた可能性を指摘している。もっとも、だからといって、これらの仮説が確定的かといえば、真相は藪の中だ。

応神天皇を支えた人々とその勢力圏

応神天皇は北部九州から東に向かい、ヤマトの政敵を一蹴するが、この間の行動から、応神天皇を支えた人たちの勢力圏が見えてくるとする説がある。

そこでしばらく、『日本書紀』に記された、神功皇后と応神天皇の母子の東征の記事を追ってみよう。

神功皇后は新羅から筑紫（北部九州）に戻ってくると、応神を産み落とし、神功皇后摂政元年二月、瀬戸内海を東に向かった。手ぐすね引いて待ち構えていたのは、仲哀天皇と大中姫《おおなかつひめ》の間に生まれた二人の皇子で、これが麛坂王《かごさかみこ》（香坂王《かごさかのみこ》）と忍熊王《おしくまのみこ》である。ちなみに、大中姫は仲哀天皇の叔父・彦人大兄《ひこひとおおえ》の娘だ。

そこで、神功皇后摂政前紀《せっしょうぜんき》に記された応神東征の様子を追ってみよう。

麛坂王と忍熊王は、父・仲哀天皇がすでに亡くなっていることを知り、兵を集め神功皇后一行のヤマト入りを阻止しようと準備を整えた。

このとき、麛坂王と忍熊王は、菟餓野《とがの》（斗賀野《とがの》。兵庫県神戸市灘《なだ》区か）で狩りをして勝敗を占った。すると「凶」と出て、しかも赤い猪が現れ、麛坂王を食い殺してしまった。恐れをなした忍熊王は、住吉（大阪市住吉区）に陣を引く。

神功皇后は武内宿禰《たけのうちのすくね》（蘇我氏の祖）に命じ、皇子（応神）を紀伊《きの》水門《みなと》（紀伊の港）に向かわせ、自らは難波を目指した。ところが、船がどうしても進まない。そこで務古水門《むこのみなと》（兵庫県尼崎《あまがさき》市）に引き返し占ってみると、天照大神《あまてらすおおみかみ》が教えていうには、

「私の荒魂《あらみたま》を皇后に近づけてはならない。広田国《ひろたのくに》（兵庫県西宮市大社町の広田《ひろた》神社）に移せ」

というのでそのとおりにした。次に、稚日女尊《わかひるめのみこと》が現れ、

「私は活田長峡国《いくたのながおのくに》（神戸市生田区）に移りたい」

といい、次に、事代主神《ことしろぬしのかみ》が現れ、

「私は長田国《ながたのくに》（神戸市長田区）に祀れ」

というので、そのとおりにした。

さらに、住吉三神《すみよしさんしん》は、

「私の和魂《にぎみたま》は大津《おおつ》の渟名倉《ぬなくら》の長峡《ながお》（大阪市住吉区）に移せ。そうすれば船の航行を監視できる」

と命じたので、神功皇后はそのとおりにした。こうして、海を進むことができるようになった。

忍熊王は菟道《うじ》（宇治《うじ》）まで陣を引いた。すると神功皇后は、紀伊国の日高《ひだか》（和歌山県日高《ひだか》郡）に赴《おもむ》き、太子（応神）と合流し、さらに小竹宮《しののみや》（和歌山県御坊《ごぼう》市）に移った。

三月五日、武内宿禰は和邇臣《わにのおみ》の祖・建振熊《たけふるくま》に命じて、数万の兵を授け、忍熊王を討たせた。このとき、武内宿禰は、精鋭を選んで、山背《やましろ》から出て、菟道にいたり、川の北側

に陣を敷いた。

こうしていよいよ戦いがはじまった。武内宿禰は全軍に命じて椎結《かみあ》げ（夷人《いじん》の髪型。降服の仕草か）させ、号令した。

「皆の弓の弦を髪の中に隠し、また木刀《こだち》をもて」

こう命じておいて、神功皇后の命令を告げて、忍熊王を誘い出し、だまして恭順の意を示した。

武内宿禰の言葉を信用した忍熊王は、全軍に武器を捨てさせた。武内宿禰は、隙をつき、一気に忍熊王を攻め滅ぼしてしまったのである。

河内王朝を支えたのは淀川水系の豪族？

『古事記』の応神東征説話も、よく似ている。ただ、いくつかの細かい設定が異なる。新羅征討を終えヤマトを目指した神功皇后は、ヤマトの勢力が抵抗するのではないかと疑い、喪船を用意したという。この船に御子（応神）を乗せ、

「御子はすでに亡くなられた」

とうわさを流した。

このとき、香坂王（麛坂王）と忍熊王は待ち伏せをしていたが、狩りをして戦勝の成否を占ってみることにした。ところがこのとき、大きな猪が怒り狂い、香坂王を食い殺してしまった。まさに、占いは「凶」とでたのである。

それでも忍熊王は、喪船を囲み攻めたが、敗れてしまった。この時、忍熊王は難波の吉師部《きしべ》の祖・伊佐比宿禰《いさひのすくね》を将軍とし、応神側は丸邇臣《わにのおみ》の祖・難波根子建振熊命《なにわねこたけふるくまのみこと》を将軍とした。

こうして忍熊王は山代《やましろ》（京都府南部）に逃げ、陣を立て直した。そこで応神側は、「神功皇后はすでに亡くなられた。だから、もう戦いはやめよう」と偽り、また、弓の弦を切って、恭順の姿勢を示した。信じた忍熊王は、だまし討ちにあい、敗走したのである。

忍熊王は逢坂《おうさか》（京都府と滋賀県の境の逢坂山《おうさかやま》）に逃げ退き、建振熊命は追い、また戦った。忍熊王を追いつめ、琵琶湖《びわこ》の西岸でみな斬り殺した。忍熊王は、伊佐比宿禰とともに入水して果てたのである。

興味深い事実はいくつか見出せる。まず、戦場となったのは、難波から淀川を辿り、山代（山城）、近江へと続くルートであった。また同様に、取りまく人脈も、まさにこの一帯に地盤をもつ者たちであった。そこで直木孝次郎は、『直木孝次郎古代を語る5大和王権と河内王権』（吉川弘文館）の中で、次のように述べる。

この戦いの物語が、何らかの事実を背景に持つとすれば、それは奈良盆地北部と難波とを結ぶ重要交通路であり、また穀倉地帯である京都盆地・南山城・近江平野の地を結ぶ輸送路でもある淀川水系の支配権の争奪の歴史であると思われる。

また直木孝次郎は、「忍熊」の地名は、奈良県北部の古墳時代前期後半の大古墳群の存在する「佐紀」に隣接することから、難波の重要性に気付いたヤマトの政権が淀川水系を利用して難波に進出しようと目論み、河内王権側が和邇氏を味方に引き入れ、対抗したという歴史が、この説話の中に隠されているのではないかと推理したのである。

それだけではない。『日本書紀』や『古事記』に示された応神天皇の婚姻にまつわる記録には、丸邇《わに》（和珥《わに》）氏と息長《おきなが》氏といった、木津川《きづがわ》、京都盆地、近江に縄張りを持つ氏族が登場する。しかも、生まれた子に「宇遅（宇治、菟道）」の名がみられる。このことから直木孝次郎は、次のように指摘する。

> 河内政権の始祖は、難波に流れこむ淀川水系の有力豪族との結合を密にして、地盤を固めたと考えられるのである。（前掲書）

しかし、素直に従うことはできない。

直木孝次郎は、四世紀末から五世紀になってはじめて三輪王朝は難波の重要性に気付いたと言うが、難波→瀬戸内海→北部九州→朝鮮半島のルートを確保するために、瀬戸内海を見下ろす天然の要害・ヤマトが、三世紀の時点で都に選ばれたのである。このことは、纒向《まきむく》遺跡に各地の土器がいっせいに集まったことからも、明らかである。

さらに付け加えるならば、瀬戸内海を東に向かった文物は、難波からヤマトに遡上し、そこから東国に向かっていった。ヤマトは東西日本を結ぶ結合点でもあり、五世紀になってはじめて難波の重要性に気付いたというのは、古代人のセンスを侮っているとしか思えないのである。

そしてもう一点、忍熊王らは淀川水系を戦場に選んでいるが、もし彼らが三輪王朝の中枢の人々であるならば、淀川水系ではなく、生駒山《いこまやま》や葛城山《かつらぎさん》を楯にして戦っていなければおかしい。逃げた先も、山代や近江というのは、整合性がない。三輪王朝の本拠地・ヤマトの盆地で敵を迎え撃つのが、理にかなった作戦だからである。

したがって、この戦いを「三輪王朝対河内王朝の主導権争い」と捉えることはできない。

河内王朝論をめぐる数々の仮説

河内王朝論に関しては、多くの史学者がそれぞれ持論をもっている。

たとえば、応神天皇が始祖王の要素に満ちているからこそ、「神話的存在」とみなされ、実在性を疑う、という吉井巌の発想もある。その上で吉井巌は、応神天皇と子の仁徳天皇は、同一人物だったと指摘している（『天皇の系譜と神話』塙書房）。

吉井巌の指摘は、次のようなものだ。

すでに触れたように、『日本書紀』も『古事記』も、応神天皇の出生にまつわる話を、父親の段階で述べていない。これは、異常なことなのだ。しかも、母親・神功皇后の実在性が乏しく、天武朝《てんむちょう》かそれ以降に創作された可能性が高い。そこで次のように述べる。

応神記物語には、この御代にかけて集約的に語られる帰化人物語を除けば、実は、応神その人を、または応神朝を第一義的に説かうとした物語は何もなく（以下略）

では、なぜ、誰が応神天皇の物語を編み出したのかと言えば、継体天皇の登場とほぼ同時に、中央に進出した息長氏が、「オキナガタラシヒメ（神功皇后）」の系譜を作り、この過程で、応神天皇が産み落とされたというのである。

『日本書紀』は応神天皇を「ホムタ」と呼ぶが、『古事記』では、仲哀天皇と神功皇后の間の子を、「品夜和気命《ほむやわけのみこと》、次大鞆和気命《おおともわけのみこと》、亦名品陀和気命《ほむだわけのみこと》」と記録する。「ホムダワケ（品陀和気命《ほむだわけのみこと》）」は、元々は、仲哀天皇の系譜とは関係なく、のちの時代に結びつけられた可能性がある。

また、応神天皇を巡る説話の舞台となった地域は、河内ではなく、ヤマトの盆地（しかも高市郡）が多く、河内王朝の始祖として、ふさわしくない。したがって、仁徳天皇が実在の河内王朝の始祖王であり、応神天皇は、系譜を重ねられてしまった、と吉井巌は推理した。

事実、応神天皇だけでなく、子の仁徳天皇も、始祖王の匂いがする。というのも、

『日本書紀』も『古事記』も、仁徳天皇をべた褒めするからである。

仁徳即位前紀には、「天皇は幼いころから聡明で叡知があり、姿形も美しかった。思いやりや慈しみに満ちあふれ、寛大な人物に成長した」とか、「仁孝の徳は遠くまで響きわたっています」と記録される。

褒め称えられた仁徳天皇

仁徳紀には、政治家としての美談も記録される。仁徳四年春二月、天皇は群臣に詔して次のように述べられた。

「朕《われ》は高台に登って遠くを見やったが、煙が国の中に立っていない。思うに、百姓《おおみたから》たちは貧しく、家に飯を炊く人もいないのではないか。朕は次のように聞いている。昔の聖王の時代には、人々は王の徳を褒め称え、家々には安らかな歌があったというではないか。朕がこの国を治めてすでに三年になるが、褒め称える者もいないし、家々の煙はすくなくなった。すなわち、五穀は実らず、百姓たちは困窮しているのだろう。地方では、さらに状況は悪いに違いない」

そして三月、三年間課役を免除することを決めたのだった。

仁徳七年夏四月、再び天皇は高台に登ってみた。すると、家々から煙が立っている。これをみて、天皇は皇后に、「朕は富を得た。これで憂えることもない」と語りかけた。しかし皇后は、いぶかしんだ。宮垣が壊れ、修理することもままならず、宮も朽ち果て、衣服や夜具も、雨で濡れてしまったからだ。すると天皇は、次のように述べられた。
「天が君を立てるのは、民のためだ。昔の聖王は、民ひとりが飢え、凍えていても、我が身を責めたものだ。今、民が貧しいのなら、朕も貧しい。民が豊かなら、それで朕も豊かなのである」

そして、三年が過ぎても、課役は免除されたままだった。

仁徳十年冬十月、課役を再開し、宮を造ることになった。すると民は、促されるまでもなく、老いたるものを助け、幼いものを連れて、昼夜を問わず手伝い、競い合って励んだ。だから、あっという間に宮は完成した。そのため、今、聖帝《ひじりのみかど》と称えるのである。『古事記』にも、そっくりな話が載る。仁徳天皇の御代を讃えて、「聖帝の世」という、とある。

中国の易姓革命《えきせいかくめい》は、前王朝の腐敗をただすために新王朝が生まれると説く。当然、新王朝の始祖王は、民に歓迎され、徳を称えられるものなのだ。また中国では、始祖王は盛んに治水工事を行うが、仁徳天皇も、難波の堀江を掘削し、茨田堤《まんたのつつみ》を築くなど、治水に精を出していたと記録される。とすれば、仁徳天皇は始祖王にふさわしい。くどいようだが、『古事記』の下巻は、仁徳天皇から始まるのである。

岡田精司の河内王朝論

岡田精司は古伝承をもとに、四世紀末葉に大王家の交代劇があったと推理した。南《みなみ》河内《かわち》に発生した天皇家がヤマト入りしたというのである(「河内大王家の成立　天皇家の起源」〈『日本書紀研究　第三冊』三品彰英編　塙書房〉)。

そこでその根拠を、要約しておこう。

まず岡田精司は、天皇家の聖地が難波の海浜にあることに注目した。淀川の河口付近で行なわれた八十島祭《やそしままつり》の前身となる祭事、すなわち太陽霊を迎えて一体となる族長就任儀礼が想定できる、という。すると、天皇家発祥の地とされる大和盆地南部と難波の関係が、問題となる。

そこで岡田精司は、直木孝次郎の、応神朝は難波を本拠とする新王朝という考えに言及している。

直木孝次郎の考えの根拠は、以下の通りだった。

(1)難波の地が、即位儀礼上の聖地。

(2)難波の地が、神代《かみよ》の伝承に連なる。

(3)国生み神話が海辺の思想。

(4)連姓《むらじせい》の伴造《とものみやつこ》系豪族が、大阪平野に多くいる。

直木孝次郎は、伴造系の豪族たちは、もともと大阪平野に本拠があって、大和に入った、と推理している。そして、天皇家と婚姻関係を結んだ臣姓《おみせい》豪族とは違い、伴造系豪族は、王家に対し従属性が強い、と指摘する。

岡田精司は、これら「ミウチ的従属氏族」が大阪平野に拠点をもっていたということは、天皇家自身も、大阪平野から大和盆地に進出したと考えるのに、有利な材料になる、という。

そして岡田精司は、八十島祭に注目する。

『延喜式』に登場する住吉神以下の祭神は、本来は大八洲之霊《おおやしまのみたま》（生島神《いくしまのかみ》・足島神《たるしまのかみ》）であり、八十島祭の目的は、新たな天皇の体に、大八洲之霊を付着させ、統治者としての宗教的資格を付与するためであったとする。

イザナギ・イザナミの国生み神話は、もともと淡路島の海人《あま》の信仰であったものを、天武朝のころ大八洲の国生みに改編されたと説く。

直木孝次郎は、これに次のような疑念を付け加えた。国生み説話は海辺の思想で、大和盆地の貴族層に受け入れられただろうか、といい、また、大和が起源の王朝にもとから伝わっていたであろう国土生成伝説が、神話に反映されていないのは、河内から大和に進出した王朝によって、塗り替えられたからだろうと指摘し、岡田精司も、これに同調している。

その上で岡田精司は、本来大嘗祭は収穫祭で、八十島祭こそ、大嘗祭よりも古い即位儀礼であったこと、神功皇后や天孫降臨神話に、難波の浜に来臨する太陽神の御子神《みこがみ》の神話の断片が見出せるが、この神話の成立した背景に、八十島祭が見えてくることから、天皇家の古い本拠地は、大阪湾の周辺と結論づけたのである。

直木孝次郎は『直木孝次郎古代を語る5 大和王権と河内王権』（吉川弘文館）の中で、『日本書紀』に記された、諸氏族の祖先の出現の時期を調べると、神代を除けば、神武天皇［一〇］、孝元天皇［七］、景行天皇［一七］、神功皇后［七］、応神天皇［一八］（数の少ない天皇は省いた）で、この数字から言えることは、応神天皇の数が一番であること、仁徳天皇以降の合計が［七］で、応神以前こそ、始祖が現れるにふさわしい時代だったということで、要するに、神話の時代だったというのである。

ちなみに、『古事記』の場合は、どのような数字になるかというと、以下の通り。神武天皇［二九］、孝昭《こうしょう》天皇［一六］、孝霊《こうれい》天皇［九］、孝元天皇［三二］、開化《かいか》天皇［二三］、垂仁天皇［一八］、景行天皇［二二］、応神天皇［九］で、応神天皇以降の数は、［四］と、やはり極端に少なくなる。

直木孝次郎は、これらの要素に鑑み、次のように述べる。

すなわち応神天皇は、継体王朝の出現を権威づけるためと、仁徳天皇の出現を説明するためという二つの目的をもって、仁徳の前に加上された伝説上の天皇と解されるのである。（前掲書）

その証拠に、『日本書紀』は応神天皇に限って、陵墓のありかを示さなかったではないか、というのである。

始祖王にしか見えない応神天皇

同じ河内王朝説でも、まったく同じ考えでまとまっているわけではないが、ヤマトの王家に代わり、河内に基盤を置き新たな王朝を開いたという仮説だけは、ほぼ認められ、定説となった感がある。

だが、応神天皇が新王朝を開いたという話、本当だろうか。なぜなら、前方後円墳という「ヤマト政権の象徴的な埋葬《まいそう》形態」を、河内王朝がほぼそっくりそのまま継承しているからである。

もちろん、副葬品に変化はあったし、巨大な墳墓が次々に造営されたという動きはあった。しかし、根本の思想まで入れ替わったわけではない。

古代の「まつりごと」の根幹である宗教観に直結する埋葬文化が継承されていたのなら、それを革命的な王朝交替とみなすことはできない。少なくとも、畿外からやってきた何者かが、畿内を征服したとは、とても考えられない。それにもかかわらず、「河内王朝論」が、絶大な支持を受け続ける理由の一つは、応神天皇が「どこからどうみても神話的な始祖王にしか見えない」からだろう。

もっとも分かりやすい例は、『古事記』の編纂《へんさん》方針だ。『古事記』は上・中・下巻に分かれるが、上巻は神話に費やされ、中巻は神武天皇から応神天皇まで、下巻は仁徳天皇から推古《すいこ》天皇までを収めている。

その中巻の内容も、神話の世界から完璧に抜けきれないでいる。たとえば景行天皇の段では、もっぱらヤマトタケル（倭建命）の説話が語られ、景行天皇の記事はほとんどない。そしてもちろん、ヤマトタケルの活躍は、神話的な説話である。

応神天皇の父・仲哀天皇（ヤマトタケルの子）の段では、神功皇后に活躍の場を奪われ、しかも、やはり神話じみた説話に終始している。

くり返すが、神功皇后は腰に石を挟んで出産を遅らせ、朝鮮半島から九州に戻ってきて応神天皇を産み落とした。この経緯は、天孫降臨神話によく似ているとされている。しかも応神天皇は、九州から東に向かい、抵抗する敵を蹴散らし、ヤマト入りに成功している。この設定も、初代神武天皇にそっくりだ。

やはり、応神天皇は、「伝説的な初代王」の条件を備えているのである。

なぜ応神天皇は悪く描かれなかったのか

応神天皇は、通説が言うような河内王朝を開いた偉人で、だからこそ、始祖王の匂いが説話から漂ってくるのだろうか。

どうにもよくわからないのは、『日本書紀』の態度だ。通説に従えば、応神天皇の開いた河内王朝は、五世紀末から六世紀初頭にかけて、越（北陸）からやってきた継体天皇に乗っ取られ、今上天皇に続いて行くのだが、『日本書紀』は応神天皇を悪く書いていない。

中国では、王朝が替わることを天命と考え、新王朝が旧王朝の腐敗をただし、世直しをするために政権交替を果たすと考えられてきた。したがって、歴史書のなかで前王朝の非を説き、王朝交替は正当化されるものなのだ。

そこで『日本書紀』の応神天皇の記事をみると、不思議に思えてくる。たとえば即位前紀には、次のようにある。

幼少のころから聡明で、奥深いところまでものを見通し、振る舞いに聖帝の兆しがあった

つまり、前王朝の始祖・応神天皇を、『日本書紀』はべた褒めしていることになる。

そこで、継体天皇の出現は単純な王朝交替ではなく、継体がヤマトの旧王家に婿入りしたのではないか、と考えられるようになってきた。事実『日本書紀』によれば、継体天皇の皇后は、ヤマトの旧王家の娘であった。

この考えには一理ある。『日本書紀』は「継体天皇は応神天皇の五世の孫だった」と述べ、「前王家を継承した」というのだから、応神の王家（河内王朝）を「我らの王家」として褒め称えても、矛盾はなくなる。

けれどもそうなると、新たな謎が浮上してくる。応神天皇が即位するまでの「神話」

の設定が混乱し、矛盾している。父・仲哀天皇亡き後九州で生まれた応神は、母とともにヤマトを目指すも、政敵が待ち構えていた。腹違いの兄弟たちが、「応神は皇位を狙っている」と疑い、陣を構えていたのだ。神功皇后はこれを蹴散らして、帰還した。ところがこのあと神功皇后が摂政となって実権を握った。応神が即位したのは、神功皇后が亡くなってからで、実に六十九年の間、皇太子のままでいた。六十九年の空位はいったい何を意味するのだろう。

また、応神天皇の出自が、どうにも不可解な謎に満ちていることである。のちに触れるように、特に母親の神功皇后は奇妙だ。一筋縄には行かない。不思議な女人なのだ。

なぜ『日本書紀』は、王家の始祖・応神天皇の身辺に、多くの謎を残したのだろう。そして、応神天皇の謎も解けていないのに、通説の河内王朝論を素直に受け入れてよいのだろうか。

河内王朝論に疑問を感じた門脇禎二《かどわきていじ》

門脇禎二は、もはや常識となってしまった感のある「河内王朝論」に対し、疑念を抱いた数少ない学者の一人である。『葛城と古代国家』（教育社）の中で、通説に反発している。

まず門脇禎二は、河内王朝論にもいくつかのパターンがあって、（1）九州の勢力が河内に乗り込んだ。（2）河内の在地勢力が王朝を造り、五世紀後半にヤマトに乗り込んだ。（3）ヤマトの三輪の勢力（三輪王朝）が衰退し、河内の新王朝が勃興した……。等に分類し、六世紀中葉に、なぜ河内からヤマトに都を戻したのか、その経緯と理由が説明されていないと指摘した。その上で、次の四つの疑念を提出している。要点をまとめてみる。

（1）新王朝（政権）の権力的性格にまつわる言及がない。部族同盟か専制的国家権力なのかが明確にされていない。

（2）河内王朝論者は、河内王朝が形成したのは古市古墳群や百舌鳥《もず》古墳群であると一致して述べるが、先行し、併立した畿内の古墳群とのかかわりや古墳文化の変化についての言及がない。

（3）河内王朝（政権）が支配した領域が不明確。

（4）河内王朝の宮廷がどこにあったのか、河内王朝論者は明確にしていない（『日本書紀』には、ほとんどがヤマトにあったと記す）。

まず指摘しておかなければならないことは、河内といっても、古くは巨大な河内湖が中央に居座り、居住するスペースは限られていたということだ。物部《もののべ》氏や中臣《なかとみ》氏が、生駒山の西側にへばりつくように拠点を設けていたのは、そのためだ。そして、五世紀中葉から六世紀初めにかけて（古墳時代中期から後期の初頭）、河内平野の干拓、開発事業は急速に進展していたのである。

門脇禎二は、河内の治水、開発事業の主体となったのは、現地の首長層ではなく、ヤマトの王家だったと指摘する。ヤマトの王家は、それまで使い物にならなかった河内平野を独自に開発することで、直轄領《ちょっかつりょう》を大幅に増やすことができたと推理した。つまり、河内平野には、ヤマト国家の屯倉《みやけ》が、次々に設置されていった。事実、河内王朝を否定したわけである。

次に、古墳の問題である。

巨大古墳群が出現した順番は、奈良盆地の東側、天理《てんり》市の柳本《やなぎもと》古墳群、北部の佐紀盾《さきたて》列《なみ》古墳群、河内の古市古墳群、和泉《いずみ》の百舌鳥古墳群ということになる。ただし、柳本古墳群が消えて、佐紀盾列古墳群が現れ、佐紀盾列古墳群が消滅したあとに古市古墳群や百舌鳥古墳群が出現したのではなく、それぞれの古墳群は併立していた時期がある。特に、佐紀盾列古墳群と河内の二つの古墳群は、古墳時代前期後葉から中期半ばにかけてと、大きな幅がある。もし仮に、河内王朝が圧倒的な力をもって河内に王朝をうち立てたというのなら、「古墳群が併立していた」という事実を、どのように考えればよいのか、明確な説明がなされていない、というのである。

さらに門脇禎二は、玉手《たまて》山《やま》古墳群（大阪府柏原《かしわら》市）に注目する。古市古墳群や百舌鳥古墳群が出現する直前、四世紀中頃から五世紀初頭にかけて、在地首長が玉手山古墳群を形成しているのだが、ヤマトの東部の勢力と結合し佐紀盾列古墳群を形成した勢力が、東方や南方から玉手山古墳群を包囲するような動きがみてとれると指摘する（前掲書）。

さらに、誉田山古墳（応神天皇陵）の東側には現地豪族の二ツ塚古墳が隣接し、誉田山古墳は、この古墳が先に存在していたことにより、設計が歪んでいる。一帯は小古墳群なのだが、在地勢力を圧迫するようにして、誉田山古墳が築かれていたことがわかる。また、いわゆる「河内王権」の墳墓とされるふたつの古墳群は、ヤマトの古墳と強いつながりがあったことが判明している。墳形が似ていたり、型式の時代的変化が、「佐紀盾列古墳群のヒバスヒメ陵→誉田山古墳→大仙陵（仁徳天皇陵）」とつながっていたことが確かめられている。流れは、「河内からヤマトへ」ではなく、「ヤマトから河内へ」と考えざるをえないのである。

ちなみに、誉田山古墳（誉田《こんだ》御廟山《ごびようやま》古墳）は、平安時代には「応神天皇陵」と考えられていたが、考古学的には、誉田山古墳の築造は、地層から判断して、五世紀末から六世紀初頭と推定されている。円筒埴輪《えんとうはにわ》も、五世紀中葉から後葉のものと考えられる。また、造成地は地盤の固い段丘と、氾濫原が重なっている。何を意味するかというと、すでに多くの大型古墳が造営されたあとで、条件の整った土地が少なくなっていた可能性が高い。つまり、誉田山古墳は意外に新しく、文献的にはふさわしくとも、考古学的には応神天皇の陵墓とは考えられないのである。

使い物にならなかった河内という土地

河内王朝が新王朝でなかったことは、「古代の河内の地形」や『日本書紀』の記事からも、割り出すことが可能である。

縄文早期末から前期にかけて、河内平野は巨大な「湾」であった。これは縄文海進のためだ。上町台地《うえまちだいち》が北に向かって半島状に延び、琵琶湖とヤマトの盆地、三重県の伊賀や京都府南部から流れ下ってきた大量の水は、千里山丘陵《せんりやまきゅうりょう》の南側の二〜三キロの幅を通らなければ、海に出られなかった。次第に海水面が下がり、河内湾は湖や潟となったが、堆積物によって出口はさらに狭まった。

弥生時代、河内湖周辺で、大きな水害が起きていたことがわかっている。

仁徳紀十一年夏四月の条には、次の記事が載る。くどいようで申し訳ないが、この「仁徳天皇」は、通説が言うところの河内王朝のもうひとりの始祖候補である。

天皇は群臣に詔《みことのり》した。

「今、この国を見れば、野や沢が広く、田や畑は少なく乏しい。また、河川は蛇行し、流れは滞っている。少しでも長雨が降れば、海水は逆流し、里は船に乗ったように浮かびあがり、道はドロドロになる。だから群臣たちも、この状態を見て、水路を掘って水の流れを造り、逆流を防ぎ田や家を守れ」

これは、大和盆地を描写しているのではない。仁徳天皇の宮は難波の高津宮（大阪市中央区）だったから、河内平野の状態を言っている。話はまだ続く。

同年冬十月、宮の北側の野原を掘り、南の水をひいて西の海に流した。それで、この川を「堀江」と呼んだ（難波の堀江）。

河内王朝の巨大古墳群を望む

また、この続きの説話が、お伽話めいていて、興味深い。

北の川の洪水を防ぐために茨田堤（大阪府門真《かどま》市）を築いた。この時、二ヶ所に土地の亀裂があって、築いてもすぐに壊れた。すると天皇の夢枕に神が現れ、次のように教えた。

「武蔵人強頸《むさしのひとこわくび》と河内人茨田連衫子《かわちのひとまむたのむらじころものこ》を水神に捧げ祀るなら、必ず塞ぐことができるだろう」

そこで二人を捜し出し、水神を祀った。強頸は哀しみ、泣いて、水に沈んで死んでいった。こうして堤は完成した。ただ茨田連衫子は、ヒサゴ（瓢箪《ひょうたん》）をふたつもって川に入った。ヒサゴを手に取り、水中に投げ入れ、請うて言った。

「川の神は祟って私を幣《まい》（人身御供《ひとみごくう》）としました。それでこうしてやってきました。必ず私を得ようというのでしたら、このヒサゴを沈めて、浮かばせないで下さい。すると私は、本当の神ということを知り、自ら水中に入ろうと思います。もし、ヒサゴを沈めることができないのなら、偽りの神ということが分かります。どうかいたずらに、我が身を滅ぼされませんように」

するとと突然、つむじ風が巻き起こり、ヒサゴを引いて水に沈めようとした。ところがヒサゴは、波の上を転がって沈まない。濁流に呑みこまれそうになりながらも、遠くに浮いて流れていった。茨田連衫子は死なず、堤も完成した。茨田連衫子は才覚で死を免れたのである。だから時の人は、二ヶ所を特別に「強頸断間《こわくびのたえま》」「衫子断間《ころものこのたえま》」と名付けた。

まず、難波の堀江は、大坂城（あるいは難波宮）のすぐ北に接する大川（旧淀川《よどがわ》）が、難波の堀江だったと考えられている。

そして、一連の記事からわかることは、仁徳天皇の時代、河内一帯は、湿地と泥海だったということで、常に氾濫を起こし、ほとんどが手のつけられない土地だったことだ。そして、人身御供を用意してまでして、治水工事を執り行う必要があったということである。

また、河内の巨大古墳群は、今でこそ内陸に位置するが、古くは「水辺に近い」場所にあったのだ。そして、難波の堀江を掘削し、河内湖から水を外に追い出し、干拓事業をすることによって、ようやく河内は発展の基礎が整ったのである。

森浩一《もりこういち》は河内の巨大古墳を取りまく周濠は、治水工事によって得られた技術や知識が土台にあったといい、巨大古墳の被葬者たちを「治水王」と推定し、次のように述べる。

河内の巨大古墳を出現せしめたひとつの遠因が、長年にわたる河内湖との戦いであったことは認めてよかろう。つまりピラミッドにたいするナイル河の役割が、巨大古墳では河内湖とその関連河川であった。(『巨大古墳の世紀』岩波書店)

この指摘は重要な意味をもってくる。これまで河内王朝論は、河内に巨大な古墳が出現したことから、河内に巨大な勢力が誕生し、ヤマトを圧倒したのだろうと考えてきた。しかし、もともと河内に平地はわずかで、誰かがこの一帯を開拓しなければ、発展は望めなかったのであり、「河内を開拓した土着勢力がヤマトを圧倒した」とか、「河内に巨大勢力が誕生したから、巨大古墳が出現した」のではなく、「河内をヤマト政権が開発したことによって、河内は発展し、記念碑的な前方後円墳が造営された」と考えた方が、自然なのである。

ヤマトに海の神がいてはおかしい?

もっとも、「それでは、河内王朝論の具体的項目に対して、ひとつも反論していない」という意見が出るだろう。たとえば、『日本書紀』や『古事記』の神話が海の民の要素に満ちているのはなぜかといえば、それは、瀬戸内海を牛耳って発展した河内王朝が、内陸部のヤマトの政権を圧倒し、倒したからではないか、という指摘があった。

たしかに、現在の奈良県も、海のない県のひとつだ。しかし、内陸部だからといって、海と無縁だったわけではない。

古代の海の民が山奥深く分け入っていたことは、上高地《かみこうち》の近く、長野県安曇野《あずみの》市の穂《ほ》高《たか》神社や、紀伊半島の密林のど真ん中に屹立する和歌山県田辺《たなべ》市の熊野《くまの》本宮大社の例をもってしても明らかだ。

穂高神社は海の民・阿曇族が祀る神社で、最大の祭りは、毎年九月二十七日に行なわれる御船祭《おふねまつり》(御船神事例大祭《みふねしんじれいたいさい》)で、巨大な船型の山車《だし》を、ぶつけあう。また、穂高神社の御神体は穂高岳《ほたかだけ》で、奥宮は、穂高登山の入口、上高地からやや入った明神池《みょうじんいけ》のほとりにある。

どこからどう見ても、穂高神社は「山の中で海の神を祀る神社」である。

また、熊野本宮大社も、海人と密接な関係がある。

なぜ深い森のなかに海の民の神社が祀られるのかといえば、理由はふたつあると思う。

丸木舟を造るためには、まっすぐな巨木を必要とし、海の民は山中に分け入ったであろうこと。したがって、当然海の民は内陸部に拠点をもっていたのである。

また、海の民は商人であるとともに技術者集団でもあり、日本各地に富と知識をもたらした。しかも彼らは水運を利用し、日本列島を縦横無尽に走り回ったのだ。海の民が馬を重視したのは、川を遡るときに曳かせるためである。

第二に、海の民の航海術に、「山の地形を記憶する」というものがある。すなわち、海から見た山の姿や山の重なり具合から、現在地を割り出した。だから、山は道しるべであり、山を導きの神と見立て、祀っていたと考えられる。

ヤマトに絞って言えば、この地が瀬戸内海や淀川、宇治川、木津川、琵琶湖、大和川《やまとがわ》など、水運と深くつながっていたことは間違いない。特に、日本の水運を支える瀬戸内海を見下ろす高台に位置し、瀬戸内海と「東」をつなぐ中継点でもあるヤマトは、「海の民の発想」によって構築された都と言っても過言ではなかった。

河内を支配するためにはヤマトを支配しなければならない

いわゆる「三輪王朝」にしても、都の脇には最古の市場・海柘榴市《つばいち》があって、これが「海」とつながっている。遣隋使《けんずいし》の小野妹子《おののいもこ》が連れ帰ってきた裴世清《はいせいせい》は、河内から人和川をさかのぼり、海柘榴市の地に降り立ったが、海柘榴市は大和川を用いた水運の終着点であった。そして、「海柘榴」は「椿」のことで、なぜ市場に「椿」の名があてがわれたのかと言えば、海の民と椿が密接にかかわっていたからだろう。海人《あま》たちは水中に潜るとき、椿の油を体に塗り、体温が低下するのを防いだという。椿と海人は、強く結ばれていたのである。

やはり、ヤマトは「海人」と深くつながっていたとしか思えない。その証拠に、『日本書紀』や『古事記』によれば、神武東征以前に、ヤマトにはニギハヤヒなる者が飛び降りていたとあり、しかも彼は「天磐船《あまのいわふね》」に乗ってやってきたという。

初代王・神武天皇も瀬戸内海から海を渡ってヤマトの地にたどり着いている。神武天皇は紀伊半島を迂回して、熊野の山中からヤマトを目指したが、紀伊半島に上陸する直前、暴風にやられ、難儀している。この時一行は、「われわれは海神の子なのに、なぜ、海で苦しまなければならないのか」と嘆くシーンがある。神武天皇の母も祖母も、どちらも海神の娘であったと神話は言う。神武天皇は「海人」として、ヤマトの重要性をよく知っていたから、九州から東を目指した、という言い方が可能かもしれない。

ヤマトが瀬戸内海を牛耳る者たちにとって、「どうしても手に入れなければならない土地」だったからである。

ただそうは言っても、

「いや、それはヤマトではなく河内ではないか」

という反論を受けそうだ。しかし、防衛という視点を持ち込めば、答えは簡単に出てくる。

瀬戸内海から「東」に通じる日本列島の大動脈を支配するには、河内を押さえなければならない。しかし、河内を支配するには、ヤマトを支配しなければならなかった。というのも、ヤマトに政敵が現れれば、河内の政権は常に脅威にさらされ続けなければならないからだ。

すでに触れたように、河内からヤマトを攻めるのは困難を極める。生駒山や葛城山といった山並みが、大和盆地の西側を固めているからだ。生駒山や葛城山から西を望めば、河内平野のみならず、淡路、四国、瀬戸内海を見渡すことができる。ヤマトは天然の要害であり、弥生時代、瀬戸内海沿岸に盛んに築かれた高地性集落と、同じ役割をになっていたように思われる。ヤマトは情報伝達の拠点にもなり、また、防衛の要衝であった。神武東征の最初の失敗も、生駒山に陣取った長髄彦《ながすねびこ》の抵抗による。

このように考えてくれば、河内王朝＝海の文化、三輪政権＝内陸文化という「河内王朝論者の言い分」は、崩れ去る。ヤマトの盆地は、海の民にとって、垂涎の的だったのである。

そして、河内に拠点を造ることができたのは、ヤマトの政権が発展し、安定し、背後の憂えをなくした上で、低地に進出することができたことを意味しているのである。

なぜ河内王朝論はいまだに支持されているのか

なぜ、「河内王朝論」は、史学界の常識だったのだろう。なぜ、「河内王朝は新王朝」「河内王朝はヤマトの三輪王朝を圧倒した」と、誰もが信じて疑わなかったのだろう。そしてなぜ、門脇禎二や森浩一の、「まっとうな考え」は、ほとんど評価されずに捨て置かれたままなのだろう。

答えは至って簡単なことだと思う。

『日本書紀』や『古事記』が記録し、戦前の日本が喧伝《けんでん》した「万世一系の天皇家」という「プロパガンダ」を、戦後史学界が一丸となって否定しようと躍起になったからだろう。抑圧されていたからこそ、反動も大きく、歴史観は一気に反転したのである。

江上波夫は騎馬民族征服説を立ち上げ、水野祐は三王朝交替説を唱え、史学界は「斬新な発想」と、飛びつき、第十代崇神天皇、第十五代応神天皇（あるいは第十六代仁徳天皇）、第二十六代継体天皇の三つの時代に、王家は入れ替わったと信

ヤマトの防衛の要・葛城山

じ、定説化し、王朝交替が起きていたことを前提にして、古代史論議が戦わされ、応神天皇が俎上に載せられてきたわけである。

もちろん、すでに述べてきたように、三王朝交替説や河内王朝説の論理は緻密で、一分の隙もないように思われる。しかし、大きく歴史を俯瞰してみれば、緻密な論理だての「前提そのもの」が狂っていたことに気付かされる。河内王朝はヤマトの政権の延長であり、王朝交替はなかったにもかかわらず、王朝交替を前提に、古代史論議は進められてきたのである。

けれども、ここでひとつの疑念が浮上してくる。それは、たしかに『日本書紀』や『古事記』を読む限り、応神天皇や仁徳天皇は、始祖王的要素をもっていることで、だからこそ史学界は、騎馬民族征服説や三王朝交替説を、受け入れ、納得してきたのだ。するとなぜ、二人の天皇は始祖王の匂いがするのだろう。

ここで改めて、「ヤマトの初代王」について考えてみたい。

通説は、第十代崇神天皇を実在したヤマトの初代王と考える。その理由は、初代神武天皇のヤマト入りは、今から二六〇〇年以上も前のことと『日本書紀』は言い、当時ヤマトに巨大な勢力が生まれていたとは考えられないことがまず第一。次に、第二代から第九代までの八代の天皇の事蹟を『日本書紀』や『古事記』が記録せず、実在したとは思えないこと（いわゆる欠史《けっし》八代《はちだい》）。第三に、初代神武天皇と第十代崇神天皇の生涯には、それぞれ空白の期間があって、二人の行動を重ねると、ぴたりとお互いの欠落を補えることなどからである。

つまり、崇神天皇をモデルにして、神武天皇の説話が産み出され、天皇家の歴史を古く見せかけるために、本来一人であった人物を二人に分け、その間に欠史八代を埋めた、というのである。

『日本書紀』のトリックを疑ってかかる

また一方で、神武天皇はまったくの絵空事、という考えもある。これは、邪馬台国畿内論者が、

「ヤマト政権は三世紀半ばから後半にかけて奈良盆地の南東部の三輪山麓（纒向遺跡）に誕生したが、この政権はヤマトで自生した」

と考えることから生まれた。つまり、東征そのものが虚構だったというのである。逆に邪馬台国北部九州論者は、邪馬台国（ヤマト）は最初北部九州にあって、東遷したが、これが説話化されたのが神武東征だったと指摘する。

筆者はまったく違う発想をもつ。神武天皇と崇神天皇は同時代人だが、同一人物ではない。そして、神武天皇と応神天皇が同一人物で崇神と応神は同時代人だったと推理する。

初代と第十五代の天皇が同一人物であるはずがないという反論が出よう。しかし、「初代と第十代が同一人物であった可能性が高い」という推理は許されて、なぜ「第十

代と第十五代が同時代人」と言ってはいけないのだろう。一と十よりも、十と十五の方が、差が小さいではないか。一と十には領きあい、十と十五は許せないというのは、理不尽なもの言いである。

応神天皇の母・神功皇后も、ヤマト建国前後の女傑だった可能性が高い。『日本書紀』は神功皇后の時代に四世紀後半の百済王の記事を載せているが、その一方で、「魏志倭人伝」の邪馬台国にまつわる記事を並行して載せている。記述は混乱していて、通説は後者の四世紀後半が正しいと考えるが、神功皇后と邪馬台国のつながりがまったくないわけではない。後に再び触れるように、神功皇后を邪馬台国の女王とみなしたほうが、多くの謎が解けてくる。

乱暴なことを言うようだが、『日本書紀』は「歴史改竄のために造られた」のだから、あらゆるトリックや隠蔽を疑ってかかる必要がある。特に、ヤマト建国にまつわる歴史は要注意である。

すでに触れたように、中国では王朝が交替すると歴史書が編まれた。前王朝の歴史をまとめ上げ、いかに前王朝が腐敗し、民を苦しめていたかを書き残すのだ。そうして、王朝が入れ替わったことを正当化した。これが、正史の正体だ。正史とは、朝廷や政府が正式に編んだ歴史書である。

井上秀雄は『任那日本府と倭』（寧楽社）の中で、『日本書紀』のような編纂史書について、「書いた人の主観をぬきにして史料を扱うことは誤り」と言い、歴史書そのものが、「記録を書く人が、何らかの主張をもっていたればこそ、史料が書かれ、かつ残されていくのである」と述べ、さらに、「記録者の主張・立場等を了解せずに、これを利用することは、歴史復元上きわめて危険なこと」と指摘している。

よくよく考えてみれば当たり前のことなのだが、この事実を強調する学者は、意外に少ないのである。

天皇家の祖は武内宿禰でその子が応神天皇？

そこで問題となるのは、『日本書紀』編纂の目的である。

『日本書紀』は西暦七二〇年に編纂された。問題はこの直前、現実に政権交替が起きていたことである。それが、天武朝と持統朝の確執のことで、これが何を意味するのかについては、他の拙著の中で述べてきたので、くり返さない。

簡単にいってしまえば、蘇我氏と藤原氏の主導権争いが勃発し、蘇我氏が徹底的に潰され、藤原氏の天下が到来した、ということである。

この場合、「王家が入れ替わった」と言うよりも、「実権を握る者が交替した」と言った方が正しい。藤原不比等《ふじわらのふひと》は、実権を握り、王家を私物化しつつあった。すると、この時点で正史が編まれたということは、藤原不比等が自家の正義を主張し、「蘇我氏の腐敗」を述べ、政権交替の正当性を証明した、とみなすことができる。事実、七世紀前半の蘇我氏は専横をくり広げ、改革事業の邪魔となり、王家を蔑《ないがし》ろにしたと『日本書紀』

は言い、長い間われわれはこの記述を信じてきたのだ。

蘇我氏は聖徳太子の子・山背大兄王《やましろのおおえのみこ》の一族を滅亡に追い込み、王家を乗っ取ろうとしていたと信じられてきた。そして、中大兄皇子《なかのおおえのみこ》と中臣鎌足《なかとみのかまたり》（藤原不比等の父）が蘇我入鹿《そがのいるか》ら蘇我本宗家《そがほんそうけ》を滅ぼし、改革事業はようやく進んだと、『日本書紀』は言う。

ところが近年、「蘇我氏見直し論」が盛んに提出されるようになってきた。そして、筆者は、改革派は蘇我氏で、反動勢力が中大兄皇子や中臣鎌足だったと考える。中大兄皇子と中臣鎌足は、蘇我氏を滅ぼし改革の邪魔だてをしておきながら、中臣鎌足の子の藤原不比等が『日本書紀』の中で蘇我氏の手柄を横取りし、中臣鎌足を英雄に仕立て上げてしまったのだろう。

そこで気になるのは、武内宿禰（建内宿禰《たけのうちのすくね》）である。『古事記』によれば、建内宿禰は蘇我氏や葛城氏の祖であるという。ところが『日本書紀』は、蘇我氏の祖の名を伏せ、系譜を掲げていない。蘇我氏を百済系渡来人とする説があって、広く支持されているが、もし推理通り彼らが渡来人だったとしたら、『日本書紀』はこの事実を書き漏らしはしなかっただろう。「天皇家を乗っ取ろうとした彼らは、渡来系の成り上がり」と、鬼の首を取ったように、高々と掲げただろうからである。それができなかったのは、蘇我氏が由緒正しい氏族であった何よりの証拠である。

武内宿禰は生まれた直後から応神天皇にぴったりと寄り添い、守りつづけている。そればかりか、仲哀天皇が亡くなられた晩、神功皇后のそば近くに控えていたのは、武内宿禰であった。『住吉大社神代記《すみよしたいしやじんだいき》』は、この時神功皇后と住吉大神《すみよしのおおかみ》は夫婦の秘め事をしたと言い、住吉大神の別名は塩土老翁《しおつつのおじ》で、「老人」だが、同様に武内宿禰も、三百歳近い長寿を保った老人のイメージで語られる。

蘇我入鹿は死して化けて出たが、なぜか葛城山から生駒山に飛んだあと、住吉に向かっている。武内宿禰のみならず、蘇我氏も住吉とつながっていたのはなぜだろう。

どれもこれも取るに足らず、歴史とみなすことはできないと史学者は言うが、『日本書紀』がトリックを駆使して必死になって隠してしまった歴史の真相を、後の時代の人々が頓知を利かせてヒントを残したのだと忖度《そんたく》できるならば、古代史を根底から覆す、大きな仮説を構築できるはずだ。大きな仮説とは、蘇我氏の祖・武内宿禰こそ、天皇家の祖でその子が応神天皇ということである。

そこでいよいよ、次章から、応神天皇の正体を探っていこう。

第三章　八幡神《はちまんしん》とトヨの秘密

なぜ八世紀に八幡神が都にやってきたのか

ここで、話は八世紀に飛ぶ。

地方の神にすぎなかった宇佐神宮《うさじんぐう》（大分県宇佐市）の八幡神が、日本を代表する神に変身した瞬間の話だ。八幡神とは、応神《おうじん》天皇のことである。

ちなみに、『日本書紀《にほんしょき》』や『古事記《こじき》』は、宇佐神宮に関して、一言も触れていない。神話にも、八幡神は登場していない。九州で祀られる神では、宗像大社《むなかたたいしゃ》の宗像三神《むなかたさんしん》（田《た》心姫《ごりひめ》・湍津姫《たぎつひめ》・市杵島姫《いちきしまひめ》）と阿曇《あずみ》氏の祀る綿津見三神《わたつみさんしん》（底津少童命《そこつわたつみのみこと》・中津少童命《なかつわたつみのみこと》・表津《うわつ》少童命《わたつみのみこと》）が『日本書紀』や『古事記』に登場するのみである。

また、今でこそ、宇佐神宮の祭神は応神天皇と知られているが、原始の八幡信仰と応神天皇は、全く別のもので、いつのまにか両者は習合したと考えられている。たとえば『延喜式《えんぎしき》』は、宇佐の三座を、「八幡大菩薩《だいぼさつ》宇佐宮」「比売神社《ひめかみしや》」「大帯姫廟《おおたらしひめびょう》神社」と記すが、はっきりと「八幡神＝誉田天皇（応神天皇）」と語っているわけではない。

八幡神は北部九州のローカルな神にすぎなかった。それにもかかわらず、ある時期から急速に各地に勧請《かんじょう》されたのだ。しかも、八幡神社は日本を代表する神社にのし上がり、全国にネットワークを張り巡らせていった。ここに、大きな謎が隠されている。

発展のきっかけは、確かにあった。『日本書紀』成立が西暦七二〇年だから、以下の記事は、それからまもないころに、急速に八幡神が脚光を浴びはじめたことを物語っている。聖武《しょうむ》天皇が大仏殿建立を発願《ほつがん》し、宇佐神宮がかかわりをもってくるのだ。天平勝宝《てんぴょうしょうほう》元年（七四九）十一月、唐突に、八幡大神《やはたのおおかみ》の禰宜《ねぎ》・大神杜女《おおみわのもりめ》と主神司《しゅじんし》・大《おお》神田麻呂《みわのたまろ》の二人に大神朝臣《あそん》の姓《かばね》を下賜《かし》している。さらにこの月、八幡大神は、託宣をして京（平城京《へいじょうきょう》）に向かったと、『続日本紀《しょくにほんぎ》』は記録する。

朝廷は参議従四位上・石川朝臣年足《いしかわのあそみとしたり》らを遣わし、迎神使《かみをむかうるつかい》（八幡神を迎えるための臨時の使者）とし、旅程にあたっている諸国は、兵百人以上を用意し、護衛にあたり、殺生を禁断した。京に向かう一行には、酒や獣肉を避けて饗応し、道路は掃き清められた。

十二月二十七日、八幡大神の禰宜尼《ねぎに》・大神朝臣杜女《おおみわのあそみもりめ》が東大寺を拝んだとあり、孝謙《こうけん》天皇、聖武太上天皇《だいじょうてんのう》、光明《こうみょう》大后が行幸されたとある。そして聖武太上天皇の詔《みことのり》を左大臣・橘宿禰諸兄《たちばなのすくねもろえ》が受け、それを神（八幡神）に申し上げたというのだ。宣命《せんみょう》は以下の通り。

去る辰年《たつのとし》（天平《てんぴょう》十二年）、河内国大県郡《かわちのくにおおかたのこおり》の知識寺《ちしきじ》（大阪府柏原市《かしわら》）に鎮座《ちんざ》する盧舎《るしゃ》那仏《なぶつ》を礼拝し、朕も造り奉ろうと思ったが、できなかった。この間、豊前国宇佐郡《ぶぜんのくにうさのこおり》（大分県宇佐市）におわします広幡《ひろはた》の八幡大神が、「神である私は、天神地祇《てんじんちぎ》を率い誘い、必ず成就させてあげよう。特別なことをするのではなく、銅の湯を水にして、我が身を草木や土に交えて、障害なく成し遂げよう」と、仰せられた。喜ばしく尊いことだと思い、恐れ多いことだが、大神に冠位を献上しようと思う。

つまり、大仏を造ろうと思っていたが、なかなか夢は叶わず、八幡大神の励まし、神託を得て、元気をもらった、というのである。

分注には、東大寺に向かうときの大神朝臣杜女の「輿《こし》」について、「その輿は紫色であった。乗輿《じょうよ》と同類のもの」とある。「乗輿」とは「天子の乗り物」で、なぜ八幡大神の禰宜尼《ねぎに》にすぎないものが丁重に扱われたかと言えば、禰宜尼が八幡神の神託を都に届ける役目を担っていたからだ。あるいは、八幡大神が禰宜尼に憑依していると信じられていたのだろう。その理由は、「八幡神は託宣を下して京に向かった」と、『続日本紀』に記されているからである。

それはともかく、この日、宇佐で祀られる「大神」に一品を、「比咩神《ひめがみ》」に二品《にほん》が授けられた。また杜女《もりめ》には従四位下、主神《かむつかさ》・大神朝臣田麻呂に外従五位下を授けた。

しかしなぜ唐突に、八幡神が平城京にやってきて、丁重に迎え入れられたのだろう。

そしてなぜ朝廷は、神を恐れ敬い、道を掃き清め、兵士に護衛させたのだろう。なぜ、天皇家の祖神で神話の主人公・天照大神《あまてらすおおみかみ》と、天照大神を頂点にした天神地祇という図式ではなく、一地方神の八幡神でなければならなかったのか。『日本書紀』編纂《へんさん》と律令制《りつりょうせい》度《ど》の整備によって完成したばかりの神祇官《じんぎかん》的秩序を無視し、なぜ八幡神が飛び出してきたのだろう。

皇位継承問題に口出しをした八幡神

同じことは、神護《じんご》景雲《けいうん》三年（七六九）に勃発した宇佐八幡託宣事件にも言える。独身女帝・称徳《しょうとく》が宇佐八幡の託宣を利用し、怪僧・道鏡《どうきょう》を即位させようとした事件である。経過を、『続日本紀』の記事から追ってみよう。

九月二十五日、称徳天皇は詔《みことのり》して次のように述べた。概略はこうだ。輔治能真人清《ふじののまひときよ》麻呂《まろ》（和気清麻呂《わけのきよまろ》。以下、混乱を避けるために、和気清麻呂で統一する）と姉の法均《ほうきん》の二人は、君主を守り助けるのが役目の臣下であるにもかかわらず、天皇を欺したと糾弾し、法に則《のっと》って斥《しりぞ》けるという。

はじめ大宰府《だざいふ》の主神・習宜阿曾麻呂《すげのあそまろ》は、道鏡に媚び仕え、八幡神の教えと偽り、「道鏡をして皇位に就かしめば、天下太平ならむ」と言った。すると道鏡は大いに喜び、自信を深めた。天皇は和気清麻呂を召し、勅して次のように述べた。

「昨夜夢に、八幡神の使いがやってきて、大神は天皇に奏上することがあるので、法均を遣わされますように、という。そこで和気清麻呂が法均の代理として出向き、神の言葉を聞いてきなさい」

そして、和気清麻呂が出立するとき、道鏡は清麻呂に、次のように言い含めた。

「大神が使いを請うのは、おそらく私の即位のことを告げるためだろう。だから、そのとおり報告を持ち帰れば、重く取り立ててやろう」

けれども和気清麻呂が宇佐神宮に詣でると、大神は次のように託宣を下した。

「我が国開闢《かいびやく》以来この方、君臣の秩序は定まっている。臣をもって君とすることは、いまだかつてなかったことだ。日嗣《ひつぎ》は、かならず皇統の人を立てよ。無道の人道鏡は、すみやかに排除するべきだ」

和気清麻呂は、都に戻り、託宣をそのまま伝えた。すると道鏡は大いに怒り、和気清麻呂と法均を流罪にしてしまったという。

これが事件の顚末だ。腑に落ちぬ点がいくつかある。事件はほとんどすべて道鏡が仕組んだように記されるが、称徳天皇も乗り気だったに違いないのである。

ただし、細かい経緯については、ここでは割愛する。問題は、天皇家の存続を揺るがす事件が勃発していたこと、しかも、天皇の継承問題に、八幡神がちょっかいを出してきたことだ。やはりここでも、皇祖神《こうそしん》・天照大神は無視され、宇佐八幡神が重要な役割をになっていたのである。

これはいったい何を意味しているのだろう。なぜ皇位継承問題に、宇佐の八幡神が口出ししてきたのだろう。

はじめて神階を授かったのは八幡神

まず、東大寺と八幡神の関係を考えてみよう。

ひとつ注目されるのは、八幡神の託宣のなかで、「銅の湯を水にして」というくだりがあることだ。そうすれば、東大寺建立など、いともたやすいではないかと、エールを送っている。具体的には、巨大大仏を鋳造するための銅の生産と鋳造技術をさしているのだろう。

興味深いのは、八幡神と「銅」の間に、実際に接点があることだ。

宇佐神宮からほど近い豊前国田川郡香春《かわら》(福岡県田川郡香春町)には香春神社が鎮座する。祭神は辛国息長大姫大目命《からくにおきながおおひめおおまのみこと》、忍骨命《おしほねのみこと》、豊比咩命《とよひめのみこと》の三柱である。『豊前国風土記《ぶぜんのくにのふどき》』逸文鹿春郷条《いつぶんかはるのさとじょう》には、次のようにある。

昔新羅《しらぎ》の国の神が渡ってきて、この河原に住んだ。そこで名付けて鹿春《かはる》の神という。また、郷の北に峰(香春岳《かわらだけ》)がある。頂上に沼があり、黄楊《つげ》の木が生え、また「竜骨《たつのほね》(動物の化石で薬になる。漢方薬の原料)」がある。第二の峰には銅と黄楊、竜骨などがある。第三の峰には、竜骨がある。

事実、香春岳は、古代を代表する銅鉱山のひとつであった。そして、これものちに再び触れるが、この一帯に渡ってきた新羅系の渡来人たちが、銅を採り、精錬していた。香春神社の祭神も、新羅系であろう。また、大仏を鋳造する銅も技術者も、香春岳周辺からヤマトに送られていた可能性がある。

天平勝宝元年に八幡大神に叙位のあったことはすでに触れたが、『東大寺要録《とうだいじようろく》』によればそれよりも早く、天平十八年（七四六）に聖武天皇の病気平癒を祈ったところ験《しるし》があったため、八幡大神を三位に叙したとある。八幡神は、神々の中ではじめて神階を受けている。しかも、のちに「品」の神階を受けていて、これが大きな意味をもっていた。人間界で言えば、「皇族」にあたる。つまり奈良時代、すでに、八幡大神は天皇家の祖神と考えられていたことになる。「比売神」にも同様に「品」が叙せられているのだから、この神も天皇家とかかわりのある神という認識があったのだろう。

八幡神をはっきりと応神天皇に結びつけた例は、弘仁《こうにん》十二年（八二一）の官符《かんぷ》で、平安時代に入っているが、奈良時代に「品」の神階を得ていることから、すでに八幡神は応神天皇と目されていたとする指摘がある（中野《なかの》幡能《はたよし》『宇佐宮』吉川弘文館）。

八幡神と応神をつないだのは蘇我氏？

中野幡能は、宇佐一帯で毉術《いじゅつ》を施していた道教系民間信仰の豊国《とよくにの》奇巫《あやしきかんなぎ》が、仏教の流入とともに豊国法師《とよくにのほうし》となり、このころヤマトの大神《おおが》氏が宇佐に入って、八幡信仰に変化が起きているが、それは蘇我馬子《そがのうまこ》による豊前国の帰化人に対する政策手段だったとし、すでに六世紀末か七世紀初頭に、八幡神は応神天皇と結びついていたのではないかと推理する。

馬子《うまこ》が崇峻《すしゆん》天皇を弑し、一族聖徳太子を立て仏教を国教化して行こうとする一つの布石ではなかったかと考える。また崇峻四年の任那《みまな》復興の問題と無関係にはあり得ないだろう。（前掲書）

多くの史学者が、八幡信仰と応神天皇が結びつくのは平安時代に入ってから、といっているのに、宇佐に詳しい中野幡能が「それは蘇我氏の影響」と指摘していることは無視できない。

通説は河内王朝論をほぼ認め、「そもそも神功皇后《じんぐうこうごう》や応神天皇が、実在しなかった」という前提から出発しているから、見る目を曇らせているように思えてならない。このの ち明らかにしていくように、宇佐と応神天皇や神功皇后は、いくつもの接点をもっていたのであり、蘇我氏が関与するまでもなく、さらに早い段階で、八幡神と応神天皇はつながっていたと、筆者は考える。

それはともかく、田村圓澄《たむらえんちょう》は『日本の神々1　九州』（谷川健一編　白水社）の中で、東大寺建立と宇佐八幡のつながりについて、おおよそ次のように述べる。

(1)東大寺建立は「河内の知識寺」と「豊前の八幡神」が関与する形ではじまり、事業を全国規模に拡大することが可能となった。ヤマト周辺だけではなく、九州までも巻き込み、「知識寺的勧進《かんじん》方式」を進めやすくなった。
(2)宇佐八幡が東大寺建立を主導したことで、天神地祇が仏教擁護を打ちだし、日本の神々を編成し直すことができた。天神地祇を祀る人々が大仏造立援助に組織化された。
(3)宇佐八幡も知識寺も、ともに渡来系氏族がかかわりをもっていた。大陸の文物を取り入れるのに、彼らの役割は大きかった。大仏造立の成否を決した。

なるほど、納得させられる指摘である。伊勢神宮の天照大神には、このような芸当は無理だったのかもしれない。神道の中心に屹立する皇室の神が、仏教のために尽力してしまえば、権威はがた落ちになる。

ただそうなると、称徳天皇の行動が謎めいてくる。

道鏡を天皇に仕立て上げるのなら、このときは、宇佐八幡ではなく、天照大神の神託を得るべきではなかったか。くどいようだが、天照大神は天皇家の大切な祖神であり、かたや八幡神は、通説に従えば、宇佐地方の土着の信仰であったことになるからだ。なぜここでも、八幡神の神託を利用しようと考えたのだろう。

通説の言うとおり、八幡神が応神天皇と結びついていったのが平安時代とすれば、八幡神は天皇家とは無縁の存在であり、「よそ者」がなぜ、皇位継承問題に口出しできたのか、理解できない。これが安直な芝居としても、なぜ伊勢神宮の天照大神の神託を欲しなかったのだろう。

なぜ聖武天皇は仏教に深く帰依したのか

それだけではない。すでに触れたように、田村圓澄は、知識寺と八幡神の力を得ることによって東大寺建立が容易になったと言うが、「そもそもなぜ聖武天皇は、仏教に傾斜していったのか」、その謎について、明確な答えを出していない。

現代でこそ、日本中に仏寺が存在することはなんら不思議ではないが、七世紀や八世紀の段階で、各地にどれほどの寺院が建立されていたというのだろう。畿内に限っていえば、六世紀末から八世紀にかけて、盛んに寺院は建立された。けれども多くは王家や大豪族の私物であって、仏教は国家中枢のインテリたちの独占状態に近かった。誰もが仏教を信じていたわけではないし、河内に知識寺が建てられ、「ようやく仏教が庶民レベルに染み渡りはじめた」段階にすぎない。

聖武天皇は東大寺を国の中心に据え、日本各地に国分寺と国分尼寺の建立を命じた。聖武天皇が躍起になって各地に仏寺の建立を急かしたのはなぜだろう。くどいようだが、王家の正統性は、神話と神道によって証明されたのである。

『日本書紀』編纂は西暦七二〇年のこと。この中で天皇家は、皇祖神天照大神から続く

東大寺大仏殿（奈良市）

尊い一族と記録された。天皇家の正統性は、正史に描かれた神話によって裏付けられたのである。

　さらに、律令制度が整備され、税徴収システムが完備されていくが、ここに神道が重要な意味をもっていた。

　百姓が収穫した米の一部を国家が吸い上げ、天皇はその中から翌年の種にする籾を皇祖神に捧げ、皇祖神の霊が注ぎ込まれる。こうして、「神の力を得て豊作を約束された種籾」が完成する。それを再度百姓に配った。そして、種籾として再分配されなかった米が、国家の収入となる……。これが、税の基本だった。だから当然、国家は神道を大切に守るべきだった。

　つまり、天皇家の正統性も現実の税体系も、神話や神道の理念が一般に浸透していなければ、成り立たなかったことになる。

　そう考えると、聖武天皇の仏教への帰依と依存はいったい何だったのか、という疑念に行き着く。

　江戸時代の国学者・本居宣長《もとおりのりなが》は、聖武天皇が大仏の前に北面して頭を垂れてしまったことを「あるまじきこと」と、糾弾している。神道の立場からすれば、天子は南面するのが当たり前だったのだ。

なぜ、神話と神道によって正統性を裏付けられた天皇が、深く仏教に傾斜していったのだろう。

聖武は神道（藤原）の子

不可解なのは、聖武天皇と藤原氏の関係である。

聖武天皇の母は藤原不比等《ふじわらのふひと》の娘の宮子《みやこ》で、皇后となったのも、藤原不比等の娘の光明子《こうみようし》である。聖武天皇は、絵に描いたような「藤原の子」だったのだ。藤原氏は、聖武天皇が即位することによって、はじめて外戚の地位を手に入れたのである。

藤原氏の祖・中臣《なかとみ》（藤原《ふじわらの》）鎌足《かまたり》は乙巳《いつし》の変《へん》（六四五）で蘇我入鹿《そがのいるか》を倒し、頭角を現し、八世紀には中臣鎌足の子の藤原不比等が、朝堂のトップに立った。『日本書紀』編纂には藤原不比等が深くかかわる。もともと「中臣氏」は神道祭祀に密接にかかわる家柄だった。蘇我氏が台頭し、仏教を導入すべきだと主張したとき、猛烈に抗議したのは、物部《もののべ》氏と中臣《なかとみ》氏（のちの藤原氏）であった。

だから、「藤原の子」としての聖武天皇が、なぜ仏教狂いに走ったのか、大きな謎なのである。

そこで触れておかなければならないのは、藤原氏と蘇我氏の確執のことである。

これまでの常識で言えば、藤原氏は古代史の英雄で、蘇我氏は天皇家を蔑ろにし、改革事業の邪魔立てをした「悪の一族」ということになる。しかし、『日本書紀』編纂時の権力者が藤原不比等で、その父親が中臣鎌足なのだから、『日本書紀』の言い分を、素直に受け入れるわけにはいかない。蘇我氏の実像が抹殺されていた可能性があるからだ。藤原氏の正義を証明するために、蘇我氏の正体はねじ曲げられたのではなかろうか。

近年「蘇我氏見直し」の気運が徐々に高まり、もともと律令整備の基礎固めをはじめたのは蘇我氏ではないか、と考えられるようになってきた。

たとえば、天皇の直轄領・屯倉《みやけ》の拡大政策は、蘇我氏が中心になって押し進められ、相対的に天皇の力は引き上げられた。これが、中央集権国家造りの基礎となったのだから、蘇我氏を反動勢力とみなすわけにはいかなくなる。

これまでの常識に従えば、蘇我《そが》本宗家《ほんそうけ》を滅ぼした中大兄皇子《なかのおおえのみこ》や中臣鎌足は、一気に改革事業を押し進めたということになっているが、中大兄皇子は蘇我入鹿暗殺後即位していないし、孝徳《こうとく》朝で中大兄皇子は活躍の場を与えられていない。それどころか、孝徳天皇と中大兄皇子は、対立していた気配すらある。

孝徳天皇は即位するとそそくさと難波に移る。難波の地に永久都城の建設を目論んだのだ。『日本書紀』によれば、このとき老人たちは「そういえば春から秋にかけてネズミが飛鳥から難波に移動していたのは、遷都の兆候だったのだ」と語り合ったという。春から秋にかけてとは、蘇我入鹿暗殺以前の話であって、この説話は、「難波遷都計画は、すでに蘇我氏が立てていた」こと、「孝徳天皇はこの計画に乗った」という事実を暗示しているのである。

律令制度と物部氏

孝徳天皇が蘇我氏と接点をもっていた可能性は、非常に高い。孝徳天皇が葬られたのは、蘇我系皇族の墳墓が集まる磯長谷《しながだに》（大阪府南河内郡太子町《たいしちょう》・河南町《かなんちょう》・羽曳野市《はびきのし》）で、山背大兄王《やましろのおおえのみこ》攻めの際、蘇我入鹿の軍勢の中に、軽皇子《かるのみこ》（のちの孝徳天皇）が加わっていたという話もある。

難波長柄豊碕宮《なにわのながらとよさきのみや》はのちの都城と遜色がない立派なもので、律令制度の基盤となる宮であった。ところが中大兄皇子は、この宮を捨ててしまう。孝徳天皇に「飛鳥に遷都しましょう」と進言し、聞き入れられないと見るや、役人らを率い、勝手に飛鳥に遷都してしまった。ひとり残された孝徳天皇は、難波長柄豊碕宮で憤死するのである。

一連の流れからわかってくることは、中大兄皇子が、これまで信じられてきたような改革派ではなく、実態は正反対で、彼こそ守旧派、反動勢力であった可能性が高いことだ。そして、これを後押ししていたのが、中臣鎌足である。

律令制度は私地私民を禁じ、豪族たちから土地と民と世襲化された特権を、奪い去る。当然、多くの豪族が反発したはずなのである。

ちなみに、筆者は古代最大の豪族・物部氏と蘇我氏の仏教導入をめぐる争いは、宗教戦争ではなく、改革派と守旧派の争いだったのではないかと睨んでいる。改革派は蘇我氏で、守旧派は物部氏である。

物部氏の祖は饒速日命《にぎはやひのみこと》で、この人物は、神武東征《じんむとうせい》よりも早くヤマトに舞い下り、王となって君臨していたと『日本書紀』はいう。これを信じれば、ヤマト建国来の伝統ある氏族ということになるが、筆者は物部氏を吉備《きび》出身と見る。

ヤマト政権の誕生を象徴する事件は、前方後円墳の登場なのだが、前方後円墳の基礎は、弥生時代後期の吉備で形作られている。物部氏の拠点である大阪府八尾《やお》市付近から、三世紀の吉備系の土器が出土していることからも、物部氏は吉備からヤマトに乗り込み、ヤマトの基礎を築いたと考える。そして、物部氏が没落する六世紀後半から七世紀にかけて、やはり前方後円墳は、次第に姿を消し、初の蘇我系天皇・用明の墓に、前方後円墳は採用されなかった。

つまり、物部氏は前方後円墳体制の中心に立っていた豪族であり、改革事業を面白く思っていなかったに違いない。

ただし、推古天皇の時代、物部氏と蘇我氏は「手打ち」をしたと、筆者は推理する（『日本を不幸にした藤原一族の正体』ＰＨＰ文庫）。物部氏が土地と民を差し出すことによって、ようやく他の豪族たちを説き伏せることができたのだろう。こうして、中央集権国家造りへの助走がはじまったのである。

守旧派だった中臣（藤原）氏

ここで注意しておかなければならないのは、物部氏と蘇我氏の仏教導入をめぐる争いの中で、中臣氏が物部氏とともに、蘇我氏を敵に回していたことだ。そして、乙巳の変（六四五）で、中臣鎌足は蘇我入鹿暗殺の首謀者となっている。

ひょっとして、物部氏が蘇我氏と妥協したあとも、中臣氏は「神道を守るべきだ」と、かたくなになっていたのではあるまいか。ここにいう「神道」とは、ヤマト建国来続いた「前方後円墳体制」のことでもある。

他の拙著の中で何度も述べてきたように、中臣鎌足は百済王子・豊璋ではないかと、筆者は疑っている。豊璋は風雲急を告げる朝鮮半島情勢に冷淡な蘇我氏の態度に業を煮やし、改革事業に反発する中臣氏を取り込みにかかったのではないかと思われる。つまり、豊璋は「中臣氏に婿入りした」のであり、「反蘇我」という共通の利害によって、手を結んだに違いないのである。

次第に蘇我氏は衰退し、八世紀にいたり、政治の主導権を握ったのは、藤原氏であった。中臣鎌足の子の藤原不比等は、正史『日本書紀』編纂に多大な影響を及ぼした。本来は改革の旗振り役だった蘇我氏を大悪人に仕立て上げ、父のしでかしたクーデターを正当化する一方、蘇我氏の改革事業の手柄を横取りしたのである。

われわれが、「蘇我＝悪、藤原＝正義の味方」という常識を抱き続けてきたのは、『日

『本書紀』の一方的な主張を、そのまま信じていたからにほかならない。

なぜこのような歴史にこだわるのかというと、藤原不比等が権力の頂点に君臨すると、『日本書紀』が編まれ、神道が重視されていくこと、ここに、当時の政局を分断する二本のラインが見えてくるのである。

すなわち、古い伝統に裏打ちされた「神道」に携わる中臣（藤原）氏、対する、「仏教」を積極的に導入し、改革事業を押し進めようとする蘇我氏という図式である。

そして、この構図があぶり出されてみると、ようやく聖武天皇の、奇妙な行動に気付かされる。それは、「藤原の子」の聖武天皇が、なぜ仏教にのめり込んだのか、ということである。

すでに述べたように、盧舎那仏の前に北面し、頭を垂れた聖武天皇を、本居宣長は「あるまじきこと」と、憤慨した。天照大神の末裔である天皇が、あろうことか蕃神《あたしくにのかみ》にへりくだったのである。国学者には、信じがたい事態と映っただろう

けれども、本当の問題は、「藤原の子」「中臣の子」の聖武天皇が、なぜ仏教に帰依したのか、にある。すでに述べたように、藤原氏が築きあげた律令体制は、税制においても、神道に依存していたからだ。聖武天皇の言動は、これら、藤原律令体制に対する反発としか思えないのである。

藤原体制を拒否した聖武はなぜ八幡神を選んだのか

なぜ聖武天皇は、藤原体制を拒否したのだろう。ここに、八幡神の謎を解く鍵が隠されている。

八世紀後半になると、地方の神々が、「もう、神でいることに嫌気がさした」と託宣を下してきたと、報告されるようになった。もちろん、託宣というのは方便で、各地の神官のくさい芝居であった。そして、あろうことか、神々が仏教に帰依したいと言い始めたのだ。何が起きていたかといえば、神を媒介にした税制度が破綻しつつあったのだ。神官たちは、都に集まらなくなった。神の言葉を悪用した納税拒否である。

もちろん、地方の神官たちに不満がたまっていたのだ。のしかかる重税、律令制度の矛盾点が、いくつも噴出し、民は疲弊し、農地を手放し流浪する者があとをたたなかった。管理する立場の神官たちは、システムから離脱しようともがいたのである。

律令制度は、原始的な共産主義であったし、藤原氏だけが栄える社会システムだったから、破綻することは、時間の問題だった。豪族から既得権益を奪い、民に土地を公平に分配するという律令制度は、こうして形骸化していく。一部の豪族だけが土地をかき集め、栄える時代が到来するのだ。ようするに、藤原氏の天下である。

全国に広まった神道離れ……。同時に、神仏習合《しんぶつしゅうごう》という現象が巻き起こったのも、律令制度の破綻という現象と、無縁ではなかった。神仏習合とは、神祇《じんぎ》信仰（神道）と仏教が混淆《こんこう》した信仰形態をさしている。神社の境内に寺が建てられ、お経が読まれ、逆に寺院に鎮守の杜が出現していくのである。

このような時代背景を勘案すれば、なぜ聖武天皇が八幡神を重用したのか、その理由のひとつが透けてみえてくるのである。

すでに六世紀末、宇佐神宮には、仏教の影響を受け、神宮寺《じんぐうじ》が建てられていた。宇佐神宮こそ、神仏習合の元祖だった。

他の拙著の中で述べたように、藤原の子＝聖武天皇は、ある時期を境に、藤原氏と対《たい》峙《じ》し、反藤原派に豹変《ひょうへん》していく。そのきっかけは、長屋王謀反《ながやのおおきみむほん》事件と、藤原四兄弟の滅亡であった。

経緯は以下の通り。藤原不比等亡き後、反藤原派の旗頭となった長屋王は、右大臣、左大臣に登りつめた。朝堂独占を企む藤原四兄弟は、長屋王を煙たく思うようになる。そして、天平元年（七二九）、「長屋王は左道を学んだ」という密告を得た。「左道」とは、「よくないこと」「よこしまなこと」という、漠然とした意味だ。朝廷軍は館を囲み、謀反の罪で長屋王一家を滅亡に追い込んだ。もちろん、藤原四兄弟の陰謀である。

長屋王の死と天変地異

ところが、長屋王謀反事件から八年後の天平九年（七三七）、北部九州の地で流行した天然痘《てんねんとう》が都を襲い、藤原四兄弟は、あっという間に滅亡してしまったのだ。権力の空白が生まれ、橘諸兄《たちばなのもろえ》、玄昉《げんぼう》、吉備真備《きびのまきび》ら反藤原派が台頭する。そして、聖武天皇も、藤原氏と対決していくようになるのである。

それは、聖武天皇が新たな権力者に靡いたというレベルの話ではない。むしろ積極的に、藤原氏を敵に回していた。なぜこのような事態を招いたのかについては、後に再び触れるが、理由のひとつは、藤原四兄弟の死が、長屋王の祟りと信じられたこと、祟りは「西からやってくる」と考えられたからである。

長屋王一家滅亡からしばらくして、天変地異が続いた。『続日本紀』には、藤原四兄弟が滅亡するまで、人々は干魃《かんばつ》や飢餓《きが》、疫病《えきびょう》に苦しめられていたことを記録する。

天平四年（七三二）七月五日、聖武天皇は「春から夏まで雨が降らず、五穀はしぼんでしまった」と述べ、諸国に天神地祇を祀らせた。すると八月、待望の雨が降った。天平五年（七三三）も、悪天候と干魃、飢餓に苦しめられた。年の最後の記事に、「今年は、都だけでなく諸国で、飢え、疫病に苦しめられる人が多かった」と記す。天平六年（七三四）四月、大地震に見舞われ、七月十二日には、「天変地異が続き、罪人が増えたのも、私が悪いのだ」と聖武天皇は述べ、大赦を行なっている。

天平七年（七三五）八月十二日、北部九州で異常事態が発生していた。聖武天皇は、「このごろ、大宰府では疫病で亡くなる人が多いと聞く。病を治し、民の命を救いたい」と述べ、大宰府管内の神祇に幣帛《へいはく》を奉幣《ほうへい》し、祈禱《きとう》を行なった。長門《ながと》国（山口県）から東側に疫病が広がらないように、諸国の長官たちは斎戒《さいかい》し、道饗祭《みちあえのまつり》を祀った。この年の最後の記事も、悲痛なものとなった。「今年は、不作で、夏から冬にかけて、天下は豌《えん》豆瘡《ずそう》（天然痘）に苦しめられた。若くして亡くなる者も多かった」と記される。

長屋王の謀反事件から後、天変地異は毎年のように民を苦しめた。山上憶良《やまのうえのおくら》の貧窮問《ひんきゅうもん》答歌《どうか》が詠われたのは、ちょうどこのころだ。人々は皆、「長屋王の祟り」を連想したに違いない。そして、天平九年（七三七）、長屋王を罠にはめた藤原四兄弟は、天然痘が原因で、あっという間に滅亡したのだ。

恐怖の病は西からやってきた

聖武天皇は長屋王の謀反の報に接し、処刑を裁可した責任者だ。当然、祟りの火の粉は降りかかってくると信じただろう。しかも、長屋王の謀反事件が冤罪であったことは、正史『続日本紀』も認めているから、余計聖武天皇は震え上がっただろう。

聖武天皇は、藤原氏のしでかしてきたことを、ようやく悟り、ここから先、反藤原派に豹変していったのである。

そして注目すべきは、都人《みやこびと》を恐怖のどん底に突き落とした天然痘が、北部九州からじわじわと東に向けて伝染していったという事実である。

天然痘は、体中に痘疹《とうしん》が現れ、それが膿疱《のうほう》となり、高熱を発して、苦しんだ挙げ句に死にいたる（致死率四〇パーセント）。天然痘に狙われた集落は、まさに地獄絵巻のようであったろう。

当時、病は悪神の仕業と恐れられていた。疫神が怒り狂い、病を振りまくのであり、恐ろしい神は西側からやってきた。もちろん、朝鮮半島から病原菌やウイルスがもたらされるためだったが、当時の人間に、そのような知識があるはずもなかった。

病だけではなく、新技術や新しい知識も西からやってきた。そのため宇佐一帯には、病を治すための「毉術」が早くから発達していた。

『新撰姓氏録《しんせんしょうじろく》』によれば、五世紀後半の雄略《ゆうりゃく》天皇の時代、豊国《とよのくに》（大分県）から豊国奇巫と呼ばれる者が召し出され、天皇の看病をしたとある。

用明二年（五八七）四月、新嘗《にいなめ》の儀式を終えたばかりの用明《ようめい》天皇が、病の床に伏せった。この場面で、唐突に豊国法師なる者が内裏に入っていったと記される。

用明天皇の病気は疱瘡《もがさ》（天然痘）で、結局亡くなられるのだが、豊国の毉術《いじゅつ》が頼りにされ、わざわざ都に呼び出されていたことがわかる。

『続日本紀』大宝《たいほう》三年九月の記事に、「僧法蓮《ほうれん》に豊前国の土地を与えた」とある。その理由は、毉術を褒めるためだという。

僧法蓮は、豊前の宇佐出身の僧で（しかも宇佐国造家の一族）、養老《ようろう》五年六月の記事によれば、沙門法蓮は、非常に毉術に精通し民衆の苦しみを救っているため、これを褒め称えるとして、宇佐君の姓を賜《たまわ》ったという。宇佐君は、豊前の宇佐神宮の祭祀をつかさどる一族だ。ここまで登場してきた豊国奇巫や豊国法師も、宇佐神宮と深くかかわっていたのだろう。

いわば、豊国の醫術は日本を代表する最先端科学だったわけで、それはなぜかといえば、先進の文化が真っ先に流れ込んでくる場所だったからだろう。そしてもうひとつ大切なことは、疫病がヤマトから見て西の方角からやってくること、ちょうど宇佐神宮が、瀬戸内海の西の端に陣取り、宇佐神宮の八幡神こそ、病をもたらす恐ろしい神と崇められたのではないか、ということだ。疫神、鬼神《きじん》だからこそ、丁重に祀れば、病を治す力をもつと信じられていたということだろう。

つまり、東大寺建立の段階で、唐突に八幡神が選ばれたわけではなく、長屋王の謀反事件、天然痘の大流行、藤原四兄弟の全滅という事件をへて、確かな根拠をもって、八幡神を勧請《かんじょう》したと思えてくるのである。

ただし、ヤマトから見て西側の神社は、宇佐神宮だけではない。北部九州に、大きな神社は山ほどある。裏伊勢の異名をとる宗像大社（福岡県宗像市《むなかた》）、北部九州の要の位置に睨みをきかせる高良大社《こうら》（久留米市《くるめ》）、神功皇后を祀る香椎宮《かしいぐう》（福岡市）、対馬《つしま》の和多都美神社《わたづみじんじゃ》（長崎県対馬市《つしま》）などだ。

また、福岡市には、古い歴史を誇る住吉神社が鎮座する。『日本書紀』によれば、神功皇后の新羅征討記事の中で、住吉大神《すみよしのおおかみ》は「わが荒魂《あらたま》を穴門《あなと》の山田邑（山口県下関市）に祀らしめよ」と命じ、その後「わが和魂《にぎみたま》を大津の渟中倉《ぬなくら》の長峡《ながお》（大阪市住吉区。現在の住吉大社の場所）に坐さしめよ。すなわち、行き交う船を監視しよう」と命じたという。祟る荒魂を都から離れた北部九州の地に、幸をもたらす和魂を、都の近くに祀ったのである。

住吉大神は祟る恐ろしい神と信じられていたようで、宇佐神宮周辺の特殊神事でも、住吉大神が現れ、暴れ回っている。

ならば、宇佐の八幡神ではなく、住吉大神でもよかったのに、なぜ聖武天皇は、『日本書紀』にも登場しない宇佐の八幡神を勧請したのだろう。

聖武天皇と八幡神を結びつける継体天皇

ここでもうひとつ、遠回りをしておこう。応神天皇と継体天皇の話だ。継体天皇を通じて、聖武天皇と八幡神と応神天皇を結ぶ奇妙なトライアングルが、はっきりとしてくるからである。

『日本書紀』は、「継体天皇は応神天皇の五世の孫」と証言する。いっぽうで三王朝交替説によれば、六世紀初頭に越からやってきた継体天皇は、新王朝ということになる。そして、継体以降、天皇家は継続している、という。とすれば、聖武天皇自身は「われは継体天皇の末裔」という意識が強かったということか……。あるいは、聖武天皇は「われは応神天皇の末裔」と信じていたのだろうか。仮に、三王朝交替説が正しいとしても、聖武天皇は『日本書紀』の記事を読んで育っていたのだろうから、応神天皇に親近感を感じていたとしても、おかしくはない。「藤原史観」の影響が残っていた可能性も捨てきれない。

また近年、継体天皇について、「新王朝としても、養子として旧王家に婿入りすることによって、王統は継承された」と考える学者が多くなってきた。仮に『日本書紀』のいう「継体は応神の五世の孫」がウソだとしても、王家の血のつながりは、女系の血を経由して途絶えていないことになる。

けれども、通説が唱えるほど、応神天皇と継体天皇の関係は遠くなかったのではないか、というのが、筆者の感想だ。つまり、応神天皇の五世の孫ではなかったかもしれないが、応神天皇は継体天皇の「遠祖」だったのではないかと思えてならないのである。なぜそのようなことを言い出すのかといえば、取りまく人脈が妙に似ているからで、また、「地域性」から考えても、接点が見出せるのである。

そこで、継体天皇に注目してみよう。

五世紀末、暴君・武烈《ぶれつ》天皇の死後、跡取りがいなかったため、朝廷は動揺した。第十四代仲哀《ちゆうあい》天皇の五世の孫・倭彦王《やまとひこのおおきみ》が丹波国《たにわのくに》（現在の京都府中部と兵庫県東部）に隠棲しているというので、兵を差し向けたが、倭彦王は追っ手と勘違いしてそそくさと逃げてしまった。そこで越（北陸）の三国《みくに》（福井県坂井《さかい》市三国町《みくにちよう》）の男大迹王《おおどのおおきみ》（のちの継体天皇）に白羽の矢が立てられた。

継体天皇を取りまく人脈といえば、尾張《おわり》氏と大伴《おおとも》氏の名がすぐに挙がる。

即位する以前、継体は越の地で尾張系の目子媛《めのこひめ》を娶っていた。地理的にも越と尾張は緊密な関係にあったのだ。尾張系の氏族は、越に進出している。さらに、「男大迹王を擁立《ようりつ》しよう」と言い出したのは大伴金村《おおとものかなむら》で、継体天皇も大伴金村を信頼し、重用した。

ただし継体天皇には、『日本書紀』が黙殺してしまった、裏の人脈がある。それが、蘇我氏との関係である。

そもそも六世紀の蘇我氏は、尾張氏と同族のような近しい間柄にあったが、もともと越の地で、両者は繋がっていた可能性が高い。それにもかかわらず、『日本書紀』が事実を隠匿してしまったのは、蘇我氏と継体天皇のつながりに、歴史解読の大きなヒントが隠されていたからではなかろうか。

継体天皇を応神天皇の五世の孫と『日本書紀』はいうが、応神天皇を輔弼《ほひつ》していたのは、蘇我氏の祖・武内宿禰《たけのうちのすくね》だった。聖武天皇も藤原氏と対峙し、仏教を選択したが、それは「蘇我的な発想」にほかならない。聖武天皇は「藤原の子」であることを拒み、仏教と八幡神にすがりついたが、そのどちらにも、「蘇我」がからんでいたのは、偶然なのだろうか。

以下しばらく、継体天皇と蘇我氏の関係と、そこから見えてくる人脈の謎を追ってみたい。

振媛《ふるひめ》と蘇我氏

継体天皇は近江国高島郡《おうみのくにたかしまのこおり》の三尾《みお》の別業《なりどころ》(滋賀県湖西地方北部の別荘)で生まれたが、幼いときに父が亡くなり、母・振媛の故郷である三国《みくに》に移り、ここで育てられた。その振媛と三国が、蘇我氏とからんでくる。

振媛は垂仁《すいにん》天皇の七世の孫と『日本書紀』はいうが、間の系譜が記されておらず、一般にはあまり信用されていない。その代わり、三国地方の有力者の娘ではないかと考えられている。それは誰かといえば、三国君《みくにのきみ》（公）がふさわしい。ならば、三国君とは何者なのだろう。

『古事記』には、応神天皇と息長真若中比売《おきながのまわかなかつひめ》の間の子・若野毛二俣王《わかぬけふたまたのみこ》の子・大郎子《おおいらつこ》が、三国君、波多君《はたのきみ》、息長坂君《おきながのさかのきみ》等七つの氏族の祖とする。『日本書紀』継体元年（五〇七）三月条には、継体天皇に嫁いだ三尾君《みおのきみ》出身の倭姫《やまとひめ》の子・椀子皇子《まろこのみこ》が三国公《みくにのきみ》の祖になったとある。つまり、『古事記』は応神天皇の末裔が三国氏といい、『日本書紀』は、継体天皇の末裔、とする。

ただし『国造本紀《くにのみやつこほんぎ》』によれば、成務天皇の時代、蘇我臣の祖・彦太忍信命《ひこふつおしのまことのみこと》の四世の孫・若長足尼《わかながのすくね》が三国国造に任ぜられたとある。この系譜も、三国君とかかわりがありそうだ。

これらの伝承は、てんでんばらばらで整合性がない。通説は、越から中央に進出した三国氏が、まず蘇我氏の系譜に紛れ込み、蘇我氏衰退後に継体天皇の系譜に移ったのだろうと推理する。

しかし、「豪族は系譜を誤魔化し、朝廷は豪族のウソをそのまま正史に編みこんだ」というこれまでの史学界の思考パターンを、そのまま素直に受け入れることはできない。

正史とは、権力を握った者が、みずからの正統性と正当性を主張するために編纂した歴史書なのだから、都合の悪い系譜を湮滅《いんめつ》してしまったこともありうる。事実、蘇我氏の祖に関して、『日本書紀』は沈黙を守っている。古代史のキーマンである大豪族の祖がまったくわからないはずはなかった。『日本書紀』は、蘇我氏の祖が正統だったからこそ、後世に残すことができなかったのである。

そう考えれば、三国氏の素性も、「三国氏が系譜を細工し美化した」というこれまでの常識を疑い、「朝廷が三国氏の素性を偽った」可能性を疑っておいたほうがいい。

たしかに蘇我氏は次第に力を失っていったが、すくなくとも和銅《わどう》六年（七一三）に「石川刀子娘《いしかわのとねのいらつめ》貶黜事件《へんちゅつじけん》」が勃発するまで、石川＝蘇我の権威は尊ばれ、その「幻想」の力は、藤原氏にも恐れられていた（拙著『東大寺の暗号』講談社）。したがって、事件の直後、三国氏が系譜を蘇我から継体天皇に移動する工作を施し、七年後の『日本書紀』に、取りあげてもらえたかというと、実に心許ない。

三国君だけではなく、蘇我系の国造が北陸地方には数多く任命されていたと『国造本紀』は記録する。そのすべてが虚偽とは考えられず、『上宮記』によれば、振媛の母は余奴臣《よぬのおみ》の祖とあり、「余奴臣」は江沼《えぬ》国造（江沼国は石川県と福井県の県境付近）の「江沼」に通じ、「江沼臣」は蘇我系と考えられている。やはり、振媛と蘇我氏は、いくつも接点をもつ。

蘇我本宗家の勃興は、継体天皇のヤマト入りののちのことで、飛鳥の地で蘇我氏は阿倍氏と肩を並べて繁栄を誇っていくが、阿部氏も継体天皇とともに、越からやってきた可能性が高い。

他の拙著の中で述べたように、蘇我氏と出雲も強く結ばれているが、出雲と越は、弥生時代後期に、四隅突出型墳丘墓《よすみとつしゅつがたふんきゅうぼ》という共通の埋葬文化圏を形成していた。やはり、越と蘇我は、結びつく。

神功皇后が謎解きの鍵を握っている

蘇我本宗家の最盛期は、継体天皇即位後に到来するが、「蘇我」の名も、六世紀に編み出されたものではなかったか。すなわち、本来「宗我」や「曾我」「宗賀」であったものを、継体天皇とともにヤマトに移り、勃興した時点で、わざわざ「我《わ》れ蘇《よみがえ》れり」と、「蘇我」の二文字を選んだのではないかと、筆者は疑っているのである。

また、継体天皇が近江で生まれ、越の地に移り育てられたこと、継体天皇がヤマトに乗り込むと、ほぼ同時に蘇我氏が勃興したという流れのなかに、これまで見逃されてきた重要な意味が隠されていると、筆者は睨む。

謎解きの鍵を握っているのは、神功皇后である。神功皇后は、蘇我氏、近江、越とつながってくるからだ。そこで、神功皇后に注目してみたい。

神功皇后の拠点は穴門の豊浦宮で、「トヨの港の宮」の意味だが、神功皇后はなぜか、海の女神「トヨ（豊）」と多くの接点をもっていた。

七世紀の推古天皇の宮は飛鳥の豊浦宮で、神功皇后と同じ名の宮に拠点を構えていた。推古天皇の忠臣は蘇我馬子で、武内宿禰の末裔だから、推古天皇と神功皇后は、そっくりだ。

当時の蘇我系の皇族の多くは「トヨ（豊）」の名であった。推古天皇は「豊御食炊屋《とよみけかしきや》姫《ひめ》」、推古の兄・用明天皇は「橘豊日天皇《たちばなのとよひのすめらみこと》」、聖徳太子は「豊聡《とよと》耳《みみ》」などなど、やはり、「トヨ」なのである。

神功皇后は、六世紀から七世紀にかけて登場した女帝たちをモデルに創作されたにすぎないと通説は高をくくる。しかし、現実は逆だったのではあるまいか。蘇我系の王家が神功皇后の故事をなぞったのではなかったか。すなわち、神功皇后が「トヨ」だったから、推古天皇は「トヨ」を名乗り、豊浦宮を拠点にしたとしか思えない。推古天皇と蘇我馬子のコンビは、神功皇后と武内宿禰の再来と考えられたのだろう。

さらに、神功皇后は気長足姫尊《おきながたらしひめのみこと》（息長帯日女命《おきながたらしひめのみこと》）で、「息長《おきなが》氏」といえば近江地方の豪族なのだから、継体天皇が生まれ育ち、継体天皇を後押しした地域と重なってくる。

それだけではない。神功皇后は、熊襲《くまそ》が背いて九州に赴くとき、越にいた。越から日本海づたいに出雲を経由して豊浦宮に向かったのだ。「神功皇后伝説はまったくの絵空事」と通説はいうが、それならなぜ、ヤマトから瀬戸内海経由で豊浦宮に赴かず、わざわざ越から日本海ルートを設定する必要があったというのだろう。これまで述べてきたように、越と出雲と豊浦宮は、すべて「蘇我」というキーワードで結ばれているのだから、この記事には、何かしらの歴史背景を感じずにはいられないのである。

聖武天皇が天武の曾孫であることに目覚めたことの意味

継体天皇、応神天皇、神功皇后らと蘇我氏の関係が見えてきたところで、話を再び聖武天皇に戻す。聖武天皇は「藤原の子」から「蘇我の子」に豹変していたことを、再確認しておきたい。「蘇我と八幡神」が、奇妙な接点をもってくる様子がみてとれるからだ。

すでに触れたように、聖武天皇の母と正妃は藤原不比等の娘だ。当然、聖武天皇は「藤原の子」として育てられ、藤原氏に守られてきた。ところが、長屋王の謀反事件、藤原四兄弟の滅亡によって、聖武天皇の意識に大きな変化があった。それは、「藤原の子であることを恥じ、天武天皇の曾孫であることに目覚めた」ことなのである。

このあたりの事情は、他の拙著の中で繰り返し述べてきたので、結論だけを、手短に述べておく。

まず筆者は、天武天皇を蘇我系の皇族とみる。天武天皇は舒明《じょめい》天皇と皇極《こうぎょく》（斉明《さいめい》）天皇の間の子で、兄は反蘇我派の急先鋒・天智《てんじ》天皇（中大兄皇子）だから、天武天皇が蘇我系という話、俄には信じられないかもしれない。しかも天武天皇の両親は蘇我氏との血縁はきわめて希薄である。

ただし、舒明と皇極は、蘇我全盛期に蘇我氏の手で擁立された天皇であり、この事実を見落とすと、真実を見誤る。蘇我入鹿暗殺場面で、皇極天皇は狼狽《うろた》え、息子の中大兄皇子に「これは何ごとか」と問い詰めている。このため皇極と蘇我入鹿は男女の仲にあったのではないかという憶測も飛んでいるが、それよりも大切なことは、皇極天皇は親蘇我派だったということで、だからこの直後に即位した弟の孝徳天皇も、親蘇我派とみなすと、多くの謎が解けてくる。

つまりこの時点で、異端児は中大兄皇子だったことになる。母も叔父も親蘇我派で、中大兄皇子は反蘇我派であった。すると、天武（大海人皇子《おおあまのみこ》）の立場が問題となる。

中大兄皇子と中臣鎌足は、「蘇我氏を倒すには、ひとりでも多く味方を増やす必要がある」と相談しているが、中大兄皇子は「弟（大海人皇子）を誘おう」とは決して言い出さなかった。それはなぜかといえば、大海人皇子が親蘇我派だったからだろう。

中大兄皇子は当時から有力な皇位継承候補であったかのような印象を『日本書紀』は与えることに成功しているが、現実に有望視されていたのは、親蘇我派の大海人皇子であろう。だからこそ中大兄皇子は、蘇我本宗家を滅ぼし、主導権を握ろうと画策したに違いない。しかし、孝徳天皇が即位したことによって、野望は潰《つい》えた。だから『日本書紀』は、蘇我入鹿暗殺のクーデターを成功させたにもかかわらず、中臣鎌足に、「まずここは、年の功を尊重しましょう」と述べさせ、中大兄皇子が即位できなかった理由を、うまいこと取り繕ったのである。

中大兄皇子は「親蘇我派の大海人皇子はライバル」と睨んでいたのだろう。即位後天智天皇は、大海人皇子を殺そうとさえしている。二人は仲が悪かったのだ。

天武天皇の正体は、漢皇子《あやのみこ》ではないかとする説がある。中世文書の多くが、天智と天武の兄弟関係を逆に記している。もし天武が天智の兄とすれば、ちょうど当てはまる人物がいる、というのだ。皇極天皇は舒明天皇と結ばれる以前、蘇我系の高向王《たかむくのおおきみ》と結ばれ、漢皇子を生んでいるが、この漢皇子こそ、天武天皇の正体とする。私見も、この考えを支持する。

天武天皇は壬申《じんしん》の乱《らん》（六七二）で、蘇我氏と尾張氏の後押しを受けて勝利を手に入れた。すでに触れたように、蘇我氏と尾張氏は親しい仲で、なぜ彼らが天武を助けたかといえば、この男が蘇我系だったからだろう。

聖武天皇は、藤原氏の「権力を手に入れるためなら手段を選ばず、皇族といえども抹殺する」というやり方を忌みきらい、天武の子として生まれ変わったのである。

天武の王家は八幡神とつながる？

「蘇我系天武の子＝聖武天皇」は、五節田舞《ごせちのたまい》を行事に取り込んだ。これは、実に象徴的な事件であった。

天平十二年（七四〇）の関東行幸から三年後の天平十五年（七四三）、聖武天皇は恭仁京《くにきょう》の内裏の宴で、皇太子阿倍内親王《あべないしんのう》（のちの孝謙天皇）に、「五節田舞」を披露させた。橘諸兄は聖武天皇から元正《げんしょう》太上天皇への奏を、次のように述べている。

聖武天皇の大命により申し上げます。聖《ひじり》の天皇命《すめらみこと》（天武天皇）が天下をお治めになって、君臣の秩序を整えるには、礼《らい》（天地の秩序）と楽《がく》（天地の利）を二つ並べて長く平和を保つことが必要と思われ、五節田舞を創作されました。天地と共に絶えることなく継承していくものとして、今皇太子に学びいただいて、太上天皇の御前に貢《たてまつ》ります。

五節田舞は天武天皇が創作し、絶えることなく継承していかなければならないという。聖武天皇がここで五節田舞を「天武天皇が定めた」と喧伝した背景には、大きな秘密が隠されていた。

聖武天皇が皇位を譲られたとき、「天智天皇が定めた不改常典《ふかいのじようてん》」が持ち出されていたのだった。藤原政権下で聖武天皇は、天武天皇の曾孫でありながら「天智天皇の末裔であること」を、強要されたのである。

これには理由がある。

天武天皇の崩御《ほうぎよ》ののち即位した持統《じとう》女帝（聖武天皇の曾祖母にあたる）は、天智天皇の娘で、藤原不比等は、持統天皇を神話の天照大神になぞらえることによって、この女帝を始祖とする天智系の王朝を築きあげたのだった。つまり、藤原不比等は、蘇我系の天武朝を嫌っていたのだ。そして聖武天皇は、藤原不比等によって築かれた「観念上の天智王朝」を、天武の王家にすり替えることに成功したのだ。それが、五節田舞だったのである。

天平十二年といえば、藤原四兄弟が全滅してから三年後、聖武天皇が思い通りの政権を固めつつあったときだった。この時点で、自らが「天武の王家」であることを、再確認し、世間に知らしめたのである。

聖武天皇が「天武の王家」を必要以上に意識したことと、八幡神を勧請したことは、無関係ではないだろう。天武の王家とは、蘇我系王家のことで、蘇我氏の祖・武内宿禰は応神天皇を輔弼した人物だ。応神天皇と母・神功皇后は、宇佐神宮で祀られていたが、応神天皇も、「蘇我（武内宿禰）に守られた王家」の一員であり、天武の先例といってよい。

邪馬台国のトヨと聖武天皇の接点・ヒスイ

通説は「もともと宇佐と応神天皇は、まったく無関係」といい、「宇佐の土着の八幡信仰に応神天皇が乗っかった」と説明するが、宇佐と応神天皇の間にも、強いつながりが見出せるから、無視できない。

宇佐は「豊国」で「トヨの国」だ。応神天皇の母・神功皇后が「海の女神・トヨ（豊）」と接点をもっていることはすでに触れた。それはなぜかといえば、神功皇后が邪馬台国の女王・トヨだったからだろう。「魏志倭人伝《ぎしわじんでん》」に登場する「卑弥呼《ひみこ》の宗女《そうじょ》（一族の女)・台与《とよ》(壱与《いよ》)」である。

『日本書紀』は神功皇后をめぐる記事の中に、「魏志倭人伝」の記事を挿入する。したがって、『日本書紀』編者は、「神功皇后は邪馬台国の女王だった」と想定していたことになる。そして、神功皇后が「台与」だからこそ、神功皇后の宮は「豊浦宮」で、九州の北東部が、「トヨの国(豊国)」と呼ばれたのではあるまいか。

『豊前国風土記』逸文には、宮処郡《みやこのこおり》(福岡県京都《みやこ》郡と行橋《ゆくはし》市)について、昔天孫《あめみま》がここから出立し、日向《ひむか》(宮崎県と鹿児島県東部)の旧都に天降ったといい、天照大神の神京《みやこ》だったという。つまり、豊国は神話にいうところの高天原《たかまのはら》で、ここから天孫は天降っていったということになる。

もちろん、鵜呑みにはできない。しかし、この地に「トヨ」の地名・豊国が残っているのだから、無視できない。邪馬台国にまつわる何かしらの痕跡が残っていた可能性は高い。

ヤマトから瀬戸内海を経由して北部九州、朝鮮半島に通じる交通の要衝が「トヨ」であり、神功皇后の拠点・豊浦宮は、豊国のちょうど対岸に位置する。

神功皇后と豊国が、戦略上強くつながっていたのは当然のことであり、宇佐の地で神功皇后が祀られていたことは、むしろ当然のことだった。通説は、「神功皇后は実在しなかった」という発想から出発しているから、大切なヒントを、ことごとく見落としているだけなのだ。

邪馬台国の台与と聖武天皇にも、かすかな接点がある。

「魏志倭人伝」によれば、邪馬台国の台与は、魏に「青大句珠《せいだいこうしゅ》」を贈ってきたとある。これは、ヒスイの勾玉《まがたま》と考えられている。卑弥呼ではなく台与がヒスイを贈っているところに大きな意味が隠されていると思うのだが、それは次章で触れるとして、ここで注目しておきたいのは、六～七世紀にいたり、飛鳥の近くで蘇我氏がヒスイを独占的に生産するようになったことだ。そしてもうひとつ大切なことは、蘇我氏の衰退とともに姿を消し、八世紀に消えて、その後誰も見向きもしなくなってしまったこと、そして、最後の輝きを放ったのが、東大寺三月堂《さんがつどう》の不空羂索観音菩薩立像《ふくうけんじやくかんのんぼさつりゆうぞう》の宝冠《ほうかん》に飾られたヒスイだったことである。

なぜ、ヒスイは台与の時代に歴史に登場し、蘇我氏の衰弱とともに、歴史から消えてしまったのだろう。

そもそも、ヒスイとはどのような宝石なのだろう。なぜ古代人は、ヒスイを珍重したのだろう。

聖武天皇は八幡神の正体を知っていた

ヒスイは海神がもたらす神宝と信じられていた。理由ははっきりとしている。ヒスイは海が荒れたあとに海岸に打ち上げられるからだ。

ただし、実際に海から湧いて出るわけではない。内陸から川を下り、海に到達し、潮にもてあそばれたのちに、海岸に現れる。しかし、古代人にすれば、「ヒスイは海の神から賜ったもの」と考えたのだろう。

『日本書紀』には、穴門の豊浦宮（山口県下関市）に滞在していた神功皇后が、海中で如意珠《にょいだま》を得たと記される。

如意珠とは仏教にいう「如意宝珠《にょいほうじゅ》」のことで、何でも思い通りに事が運ぶ不思議な珠である。

『土佐国風土記』逸文には、吾川《あがわ》の郡《こおり》の玉嶋《たましま》（高知市長浜）の話が載る。それによれば、神功皇后が国々をめぐっているとき、船を停泊された。島に下りて水際で休まれていると、白い石を得た。鶏卵のように丸く、神功皇后が手のひらにのせると、光明が四方に照った。皇后はひどく喜ばれ、従者に「これは海神が下さった白真珠です」とおっしゃった。そこで島の名にした、という。

話に共通するのは、海の神が、「珠」「石（真珠）」を下賜したということだ。

それでは、「何でも思い通りになる珠や石」とは、どのような使い道があったのかというと、神話の中に、記されている。

『古事記』の海幸彦山幸彦《うみさちひこやまさちひこ》神話の中で、豊玉姫《とよたまひめ》は、山幸彦に潮の満ち引きを自在に操れる塩乾珠《しおひのたま》・塩盈珠《しおみちのたま》（『日本書紀』には潮涸瓊《しおひのたま》・潮満瓊《しおみつのたま》とある）を授け、呪術をもって兄を懲らしめさせている。

神功皇后の新羅征討に際し、船団の造り上げた浪で、新羅は水浸しになったというが、これこそ、如意珠の効用であろう。

福岡県宗像《むなかた》市の宗像大社の伝承『宗像大菩薩御縁起《むなかただいぼさつごえんぎ》』に、次のような説話が載る。神功皇后三韓征伐《さんかんせいばつ》の折、船上で皇后が天神地祇、海神、水神《すいじん》を祀ると、龍宮城《りゅうぐうじょう》から妹の豊《とよ》姫《ひめ》（河上大明神《かわかみだいみょうじん》）が現れた。そこで神功皇后は、妹を龍宮城の海神の元に遣わし、次のように述べさせた。

「昔、龍宮城の龍神と私は、親子の契りで結ばれておりました。そのよしみで、どうか乾珠《しおひのたま》・満珠《しおみちのたま》をお貸しいただき、力を併せたく存じます」

神功皇后が新羅を懲らしめることができたのは、海神のおかげだったと、広く語られていたことがわかる。そして、如意珠や乾珠・満珠、潮満瓊《しおみちのたま》・潮涸瓊《しおひのたま》は、潮の満ち引きを自在に操ることのできる瓊《ぬ》（珠）だったことがわかる。

「トヨ」の名を冠する女神が、「珠」「瓊」「ヒスイ」と強く結びつく例は、天《あま》の羽衣《はごろも》伝承も同様だ。真名井《まない》で沐浴《もくよく》していた天女《てんにょ》・豊受大神《とようけのおおかみ》が、羽衣《はごろも》を奪われ、地上界に留まらざるを得なくなったという話だ。

真名井は「マヌナイ」で、「ヌ」は「瓊」のことで、やはり「水（井、池）」と「瓊」がセットになっている。豊受大神は伊勢外宮《げくう》に祀られる神としても知られるが、日本海から現れた海の女神であり、神功皇后とも接点をもつ。

台与の神宝は、蘇我氏と東大寺に継承され、消えていった。単なる宝石のはやり廃りではない。ヒスイは「越」の糸魚川《いといがわ》市周辺で取れたものだけが珍重され、縄文時代以来継承されてきた、日本人固有の神宝といっても過言ではなかったのだ。だからこそ台与は、魏王に贈ったのである。

問題は、トヨと接点をもつ神功皇后も、いくつかの説話の中で、「珠」「瓊」とかかわりをもち、これらがヒスイであった可能性が高いこと、トヨ↓神功皇后（応神天皇）↓蘇我氏↓東大寺へと、ヒスイの「縁」がつながっていくことなのだ。これは偶然ではあるまい。

海幸彦山幸彦神話の故郷・鵜戸神宮（宮崎県日南市）

つまり、聖武天皇が無作為に八幡神を選んだのではなく、「豊国の八幡神（応神天皇）」と、強い因果を感じたからこそ、必要としたのだろう。それが、天然痘を封じ込めるための呪術だったのか、あるいは、藤原氏の組み立てた「神祇信仰」に対抗するための手段だったのか、はっきりとしたことはわからない。しかし、これまで知られることのなかった、不思議な糸が、両者を結んでいて、しかも聖武天皇が、「その事実」に気付き、だからこそ、八幡神を勧請したのではなかったか。

つまり、聖武天皇は八幡神＝応神天皇の正体を、知っていたに違いないのである。

そこで次章では、いよいよ応神天皇の正体に、迫っていこう。

第四章　応神天皇と宝の国・新羅

なぜ卑弥呼《ひみこ》はヒスイを魏に贈らなかったのか

応神天皇の正体を探るために、時代を八世紀まで下ったのは、いくつもの理由がある。

まず第一に、『日本書紀《にほんしょき》』は八世紀に記され、藤原《ふじわら》氏が編纂《へんさん》に影響力を及ぼしていたこと、その直後、聖武《しょうむ》天皇が藤原氏に反旗を翻し、八幡神《はちまんしん》を勧請《かんじょう》していたからである。

もし仮に、聖武天皇が「八幡神＝応神天皇」と考えていたのなら、聖武天皇は応神天皇に特別な感情を抱いていて、だからこそ、八幡神を重視したのだろう。そして、そうなると、『日本書紀』によって抹殺されてしまった「応神天皇の正体」が、どこかに隠されていたことになる。

反藤原派の聖武天皇が八幡神を唐突に都に勧請したのはなぜか、その理由を知りたくなってくるのである。

そして、われわれは「ヒスイ」という思いがけないヒントを獲得したのだ。三世紀の邪馬台国《やまたいこく》の台与《とよ》や伊勢外宮《いせげくう》の豊受大神《とようけのおおかみ》、神功皇后《じんぐうこうごう》は、なぜかヒスイと大いにかかわりをもっていた。そして、七世紀にいたって、蘇我《そが》氏がヒスイを継承し、蘇我氏の衰退とともに、ヒスイは捨て去られ、忘れられていく。最後の輝きが、東大寺三月堂《さんがつどう》の不空羂索《ふくうけんじゃく》観音菩薩立像《かんのんぼさつりゅうぞう》であった。

少なくとも、ヒスイを通じて、応神天皇と東大寺には、かすかな接点を感じることができたのである。

ならば、その理由をも、明確にできるだろうか。なぜ、「トヨ」の名の女神や「トヨ」とかかわりをもつ女王たちが、ヒスイとかかわってくるのだろう。そしてなぜ、七世紀の蘇我氏がヒスイを尊重し、東大寺に最後のヒスイが輝いているのか。

聖武天皇と応神天皇をつなぐ絆は、八幡神とヒスイではなかろうか。なかでも「ヒスイ」は、貴重な物証に思えてならない。ヒスイは縄文時代と八世紀をつないでいるからだ。また三世紀に思わぬ形で、文献に登場している。もちろん、応神天皇とも意外な形でからんでくる。

ここで話は一度、邪馬台国に飛ぶ。ヒスイをきっかけに、迷宮入りしてしまった邪馬台国問題も、大きく進展し、応神天皇の秘密にも大いにかかわってくるからである。

すでに触れたように、邪馬台国の女王・台与は、魏に青大句珠《せいだいこうしゅ》を送り届けたと「魏志《ぎし》倭人伝《わじんでん》」に記される。青大句珠は、大きなヒスイの勾玉《まがたま》だ。

ヒスイ（硬玉《こうぎょく》）は「石を磨く技術」を駆使して手に入れた、縄文人の誇りであった。伝統は引き継がれ、八世紀にいたるまで、日本人の神宝であり続けた。当然邪馬台国の時代にも珍重されていたのだから、卑弥呼も魏に贈ればよかったのに、なぜ卑弥呼は「日本土産にぴったり」のヒスイを魏に届けなかったのだろう。

ここに、邪馬台国の真相を知るための、大きなヒントが隠されている。

鍵を握っているのは、『日本書紀』に記された神功皇后の行動である。通説は神功皇后を架空の人物とみなす。その一方で子の応神天皇は、四世紀末から五世紀初頭の人物という。しかし筆者は、神功皇后はヤマト建国に大いにかかわりをもっていたとみなす。

理由は簡単なことで、『日本書紀』神功皇后摂政紀に、「魏志倭人伝」の引用文があり、神功皇后の時代と邪馬台国の時代が、重なっていたと『日本書紀』はいうからだ。『日本書紀』は神功皇后を、卑弥呼か台与のどちらかと考えていた可能性が高い。そして神功皇后は「トヨの女神」と多くの接点をもつのだから、台与だろう。

もちろん通説は、「神功皇后は実在しない」というし、「応神天皇は四世紀末から五世紀初頭の人」というから、神功皇后と邪馬台国の関係を、完璧に否定してかかる。

「神功皇后の時代」を知る手がかり

神功皇后の実在性を否定している内は、邪馬台国の真相を知ることはできない。神功皇后は、邪馬台国の時代に生きていた実在の女傑である。

『日本書紀』には、「神功皇后の時代」を知る目安となる記事がある。まず、神功皇后摂政六十六年には、次のような記事がある。

「この年は、晋《しん》の武《ぶ》帝《てい》の泰初《たいしょ》二年（二六六）にあたる。晋の起居注《ききょちゅう》に、武帝の泰初二年十月に、倭の女王が通訳を重ねて貢献《こうけん》せしめた、という」

西暦二六六年といえば、邪馬台国の卑弥呼の死後のことで、「倭の女王」は、卑弥呼の宗女・台与と考えられる。つまり、『日本書紀』編者はここで、邪馬台国の女王と神功皇后を重ねていたことになる。

この記事を信じるならば、神功皇后は邪馬台国の時代の人となる。

ところが、同じ神功皇后摂政紀の中に、次のような記事が載る。摂政紀五十五年の条には、「百済《くだら》の肖古王《しょうこおう》が薨じた」、同五十六年「百済王子貴須《くいす》が立ち、王となった」とある。ここに登場する「肖古王」は、百済の近肖古王《きんしょうこおう》と同一と考えられているのだが、『三国史記《さんごくしき》』によれば、近肖古王の薨年《こうねん》は西暦三七五年で、邪馬台国の時代と大きくずれる。さらに、貴須は百済の「近仇首王《きんきゅうしゅおう》」で、やはり『三国史記』によれば、近肖古王の薨じた年に王位に就き、西暦三八四年に薨じたとある。

応神紀にも、絶対年代を推定するヒントが残されている。応神三年是歳の条に、次のような記事がある。

この年、百済の辰斯王《しんしおう》が立ったが、日本の天皇に礼を失することをした。そこで、紀角宿禰《きのつののすくね》、羽田八代宿禰《はたのやしろのすくね》、石川宿禰《いしかわのすくね》、木菟宿禰《つくのすくね》（なぜ、みな武内宿禰《たけのうちのすくね》の末裔なのだろう!!）を遣わし、叱責させた。すると百済国は、辰斯王を殺し、謝った。そこで紀角宿禰らは阿花《あか》を立てて王にして帰ってきた……。

ここに登場する「阿花」なる人物は、西暦三九二年に即位した百済の阿華王《あかおう》に当てはまる。

応神十六年是歳の条には、百済の阿花王《あかおう》が薨じたこと、天皇は人質となって来日していた直支王を召し、「あなたが国に帰って王位を継承しなさい」と述べ、帰国させたとある。『三国史記』にも同様の記事が載り、腆支王《てんしおう》（またの名を直支王《ときおう》）が西暦四〇五年に即位したとある。

すると、応神天皇は、四世紀末から五世紀前半の人物だったことになり、そうなってくると、神功皇后の段で引用された「魏志倭人伝」の記事との間に整合性がなくなってくる。

『日本書紀』が「肖古王が亡くなった」という神功皇后五十五年は乙亥の年で、これを邪馬台国の時代と考えれば西暦二五五年となる。ところが、『三国史記』にいう「近肖古王が亡くなった」年は同じ乙亥でも、西暦三七五年で、『日本書紀』には、応神二十五年に百済の直支王が薨じたといい、これが甲寅（二九四）となっているが、『三国史記』では、西暦四一四年（甲寅）となっていて、約百二十年の差がある。そこで一般的には、『日本書紀』編者が神功皇后を無理矢理邪馬台国の女王に比定したいがために、干支二運（百二十年）繰り上げる操作を行なったのだろうと考えられている。

しかしここに、『日本書紀』の仕組んだカラクリが隠されているように思えてならない。藤原不比等《ふじわらのふひと》はヤマト建国前後の蘇我氏の祖の活躍を抹殺するために、ヤマト建国の真実を、闇に葬った。その手口のひとつは、神功皇后と応神天皇の時代に、「二通りの絶対年代」を用意し、目くらましをしたこと、そしてもうひとつは、「ひとつの時代の話を三人の人物、三つの時代に分けて語った」ことであり、カラクリの犠牲になったのが、神功皇后と応神天皇である。

神功皇后と邪馬台国をつなぐ接点

神功皇后と邪馬台国をつなぐ接点は、いくつもある。

九州の熊襲《くまそ》が背き、仲哀《ちゅうあい》天皇と神功皇后は西征に向かうが、このとき神功皇后は越に行幸していた。そして出雲を経由して穴門《あなと》の豊浦宮《とゆらのみや》に向かい、仲哀天皇と合流している。この別行動、不自然ではあるまいか。

神功皇后は創作上の人物と通説はいうが、それならばなぜ、このような複雑な設定を用意する必要があったろう。そうではなく、神功皇后が「本当に越と強くつながっていた」と考えてみると、多くの謎が解けてくる。越につながっていた神功皇后が、北部九州の邪馬台国を圧倒したから、卑弥呼ではなく台与が魏にヒスイを贈ることができたのだと、筆者は考える。

「魏志倭人伝」は、「卑弥呼の宗女が台与」と記録するが、これには裏事情があったと思われる。なぜこのような推理が働くのか、説明しよう。

『日本書紀』の記事には、次のようにある。神功皇后は仲哀天皇が亡くなると、橿日宮《かしひのみや》から南下し、久留米《くるめ》市の南側、山門県《やまとのあがた》（福岡県みやま市）の女首長を討ち取り、とって返して海を渡り、新羅征討に向かった。

問題は「山門県の女首長」で、「山門」は邪馬台国北部九州説の最有力候補だ。その女首長を倒した神功皇后が「トヨ」といくつも接点をもっているのだから、「ヤマト（大和）のトヨによる邪馬台国のヒミコ殺し」を、筆者は疑っているのである。

考古学の進展によって、邪馬台国の時代の奈良盆地南東部に、国の中心にふさわしい政治と宗教に特化された都市＝纒向《まきむく》遺跡が出現していたことがわかってきた。そして、西日本各地と東海や近江《おうみ》の首長が集まって、前方後円墳を築きあげ、同じ埋葬文化を共有するゆるやかな連合体が生まれていた可能性が高くなってきた。そして同時に、弥生時代を常にリードしていた北部九州が、衰退しつつあったこともわかってきたのだ。

これで邪馬台国畿内説が決定的になったのかというと、それは勇み足だ。ただし、この結果、長い間有力視されてきた「邪馬台国東遷《とうせん》説（つまり、北部九州に存在していた邪馬台国が東に移り、ヤマトを征服して国を開いたとする考え）」は、説得力を失ったのである。

筆者が注目したのは、纒向誕生の直前（弥生時代の終わりごろ）、出雲と吉備《きび》、東海と近江が急速に力をつけ、纒向遺跡に多大な影響を及ぼしていたこと、纒向遺跡は「ヤマト土着勢力が成長して完成した」のではなく、いろいろな地域が集まって完成していた可能性が高いことだ。ここに、大きなヒントが隠されているように思えてならないのである。

また、興味深いのは、纒向遺跡に定型化した前方後円墳の前身となる「纒向型前方後円墳」が出現し、これが北部九州にも伝播していたことで、しかも神功皇后が豊浦宮から北部九州に押し寄せたとき、恭順してきた地域と纒向型前方後円墳の分布域が重なっていること、かたや「山門県」が、分布圏外だったことである。

浮かびあがった仮説

ここから、神功皇后と邪馬台国をめぐるひとつの仮説が浮上してくる。

まず前提条件は、以下の通り。

(1) 日の出の勢いの纒向（ヤマト）と、没落する北部九州。
(2) 神功皇后は邪馬台国の卑弥呼か台与だったという『日本書紀』のつぶやき。
(3) ヤマトの纒向型前方後円墳を拒否した山門。
(4) 山門の女首長を討ち取ったのは神功皇后。そして、神功皇后は「トヨの女神」とつながっていた。

では、これらの条件から、どのような歴史が再現できるだろう。

こういうことではなかったか。北部九州の首長たちは、日の出の勢いの纒向に靡くべきか、独立を守るべきか、迷いに迷った。そして、沿岸地帯の国々は、やむなく（あるいは、積極的だったかもしれないが）ヤマトと手を結び、かたや内陸部（具体的には筑《ちく》後川《ごがわ》の南岸の山門周辺）の勢力は、「あくまで抵抗」という姿勢を貫いたのではなかったか。そして、山門の人々は、かつて自在に往来していた交易ルートを駆使して、朝鮮半島に勢力圏を伸ばしてきた魏に対し、いち早く働きかけ、「われわれこそが、倭国を代表するヤマト（邪馬台国）」と名乗り出て、親魏倭王《しんぎわおう》の称号を獲得し、纒向のヤマト（大和）を牽制したのではなかったか。しかしこれが裏目に出て、ヤマトの台与に攻め滅ぼされたに違いない。そして台与は、親魏倭王を殺してしまったと魏に報告できなかったため、「卑弥呼の宗女」を名乗り、王位を継承したのだろう。

『日本書紀』が「神功皇后は越から日本海づたいに九州に赴いた」という設定を用意したのは、神功皇后が現実に出雲や越と縁の強い女人だったからだろう。ヒスイは列島各地で採れるが、特に新潟県糸魚川市産のヒスイが珍重されたから、「北部九州の卑弥呼ではなく、越とつながる台与が大きなヒスイを魏に贈った」という話は、整合性がある。

筑後川南岸の高良山《こうらさん》（福岡県久留米市御井《みい》）と周辺では、豊比咩《とよひめ》が盛んに祀られる。北部九州では神功皇后にまつわる言い伝えがあちらこちらに残される。

豊比咩が邪馬台国の台与とすると、卑弥呼の影は薄いといわざるを得ない。それはなぜかといえば、卑弥呼があっさりと攻め滅ぼされてしまい、その後台与が、この地に繁栄をもたらしたからであろう。そして、台与は神功皇后だから、豊比咩は祀られ、神功皇后は語り継がれたのだろう。

ただし、ここから先、話はややこしくなる。というのも、ミイラ取りがミイラになる、ではないが、台与は北部九州に君臨したものの、ヤマトの人々と次第に疑心暗鬼になって、結局裏切られたのではないかと疑っている。そして、ヤマトに攻められた台与の一行は、筑後川を下り、有明海《ありあけかい》に出て南下し、南部九州に落ち延びたのではないかと疑っているのだ。すなわち、これが天孫降臨神話《てんそんこうりんしんわ》の真実と筆者は考える。

台与と一族は南部九州に逼塞《ひっそく》し、零落《れいらく》しただろう。しかしヤマトで、人口が半減するほど疫病《えきびょう》が蔓延《まんえん》し、「トヨたちの祟り」と感じとったヤマト政権は、「トヨの御子《みこ》」をヤマトに呼び、王に立てたと思われる。これが、神武と応神の東征説話の真実だと、筆者は考えているのである。

九州で零落した人々は、祟りをもたらす恐ろしい鬼であった。ヤマトは祟りの原因となっている鬼をヤマトに呼び寄せ、王に担ぎ上げたのだ。それが、神功皇后の御子・応神天皇であり、神武の物語となって、真実は英雄の東征説話にすり替えられた。

『日本書紀』によれば、第十代崇神《すじん》天皇の時代、ヤマトに祟りをもたらしたのは、出雲神・大物主神《おおものぬしのかみ》だったことになる。ところが、大物主神を祀る大神《おおみわ》神社の御神体である三輪山山頂には、「日向御子《ひむかのみこ》」という、一風変わった神を祀る社が鎮座する。この「日向御子」こそ、応神や神武の「隠号」と、筆者は見る。「日向からやってきた恐ろしい御子（鬼）」だから、三輪山に祀られたのだ。

もちろん、これらは通説とは大きくかけ離れているので、詳細は、他の拙著を参照していただきたい。

そして、ここで指摘しておきたいのは、神功皇后と応神天皇が邪馬台国やヤマト建国時の人物だったということである。

なぜ応神天皇に「新羅」の影がつきまとうのか

ここまでわかったところで、いよいよ応神天皇の正体を探っていきたいが、もうひとつ、解き明かしておかなければならぬことがある。それは、応神天皇にまとわりつく影の話である。

応神天皇には「日本的ではない側面」がある。朝鮮半島南東部の国「新羅《しらぎ》」と強く結びついていて、新羅からやってきたのではないかと思えるほどなのだ。

応神天皇は新羅を攻め取ったと、『日本書紀』は記す。しかも応神と新羅のつながりは、生まれる前から約束されていたという。そこで、『日本書紀』に記された神功皇后の新羅征討を、改めて読み直してみよう。

新羅征討に向かうに際し、神は「今皇后は子を孕んでいる。この御子が、国（新羅国）を得るだろう」と告げている。そして託宣通り、神功皇后は新羅を圧倒したのだった。応神天皇は胎児のまま遠征し、新羅を圧倒したことになる。胎中天皇《たいちゅうてんのう》の異名を取るのも、即位することが決まっていたことと、胎児のまま活躍したことを意味していよう。

神功皇后摂政前紀には、降伏した新羅王が、次のように述べる件《くだり》がある。

「こののちは、長く天地とともに従い、飼部《みまかい》（朝廷の馬の飼育係。賤しい職業）となり、始終船で往来し、馬の櫛《くし》と鞭《むち》を（ヤマトに）届けましょう。また、海の遠いことを厭わず、毎年男女の調《みつぎ》を奉りましょう」

ある人は、王を殺しましょうと進言したが、神功皇后は「降伏してきたのだから殺してはならない」といい、飼部にされ、新羅の宝の蔵を封じ、所持していた矛を新羅王の門に突き立てて、印とした。すると新羅王は、金銀や財宝を八十艘の船に載せ、日本国に奉ったとある。

また、別伝には、新羅王が次のように述べたと記される。

「臣は今からのち、日本国にまします神の御子（応神天皇）に、内官家《うちつみやけ》となって、絶えることなく朝貢いたしましょう」

つまり、日本への貢納国になりましょう、という。まさに神託どおり、新羅は応神天皇の国になったのである。

通説は、「新羅を圧倒した神功皇后」という説話を「絵空事」といい、歴史とみなさない。しかし、奇妙なことに、神功皇后や応神天皇の身辺には、「新羅」がつきまとっていくのである。

笥《け》飯《ひのおおかみ》大神と名を交換した応神天皇

日本固有の神宝＝ヒスイを携えて九州に乗り込んだ神功皇后。しかし彼女の体には、新羅王子・アメノヒボコの血が流れ、しかもこののち、神功皇后と応神天皇は、朝鮮半島と結ばれ、渡来人に守られ、彼らの信仰の対象となっていくのである。

応神天皇と新羅や朝鮮半島とのつながりは、「応神天皇の時代に帰化人が大勢押し寄せてきた」という『日本書紀』や『古事記』の記事からも推察できる。弓月君《ゆづきのきみ》や阿直《あち》伎《き》の帰化をめぐる説話である。

応神天皇と朝鮮半島のつながりは、これだけではない。『日本書紀』神功皇后摂政十三年春の記事に、次のような話が載る。

神功皇后は武内宿禰に命じて、太子（応神）に従わせ、角鹿《つぬが》（福井県敦賀《つるが》市）の笥飯大神を拝みに向かわせた。そして角鹿から戻った太子を迎え、皇太后《こうたいごう》（神功皇后）は大殿で宴を開き、太子の長寿の祝賀をされた。

笥飯大神とは現在の氣比神宮《けひじんぐう》で、祭神は伊奢沙別命《いささわけのみこと》、帯中津彦命《たらしなかつひこのみこと》（仲哀天皇）、息長《おきなが》帯姫命《たらしひめのみこと》（神功皇后）、日本武尊《やまとたけるのみこと》、誉田別命《ほんだわけのみこと》（応神天皇）、玉妃命《たまひめのみこと》（不明）、武内宿禰命の七座である。

問題は伊奢沙別命（去来紗別神《いざさわけのかみ》）で、応神即位前紀には、先の話に「つづき」があったこと、応神とこの神が、不思議な関係にあったことが記されている。

笥飯大神を拝まれた時、大神と太子は名を交換された、というのだ。すなわちこののち、大神の名を「去来紗別神」と申し上げ、太子の名を「誉田別尊《ほむたわけのみこと》」と名付けられたのだ。この話を信じるならば、応神ははじめ、去来紗別という名であったことになる。

では、笥飯大神とは、そもそも何者だったのだろう。どうやら、意富加羅国《おおからこく》（金官伽耶《きんかんかや》）の王子・都怒我阿羅斯等命《つぬがあらしとのみこと》のことではないかと思われる。

垂仁《すいにん》二年是歳の条に、次の話が載る。

任那《みまな》の人・蘇那曷叱智《そなかしち》が、帰国を申し出てきたので、褒美を任那王に下賜した。ところが途中で新羅の人が道を遮り、下賜した物を奪ってしまった。両国の恨みは、ここにはじまったという。

そして別伝には、次のようにある。

崇神天皇の時代、額に角が生えた人が、越の笥飯浦《けひのうら》にやってきた。それでこの地を角鹿（敦賀《つるが》）と呼ぶようになった。どこからやってきたのかと尋ねると、意富加羅国の王子で名は都怒我阿羅斯等《つぬがあらしと》だという。日本に聖　王《ひじりのおおきみ》（崇神）がいらっしゃると知り、帰化した。穴門に至ると、人がいて、伊都都比古《いつつひこ》という。私に向かって、「私はこの国の王だ。私を除いて、他に王はいない。だからここにいなさい」といいました。しかし、人となりを見るに、王とは思えません。そこで引き返し、道に迷いながら、出雲国《いずものくに》を経由して、こうしてやってきたのです、という。けれども、聖王はすでに亡くなられたことを知り、角鹿に三年留まったという。そこで、「帰りたいか」と問いただすと、「ぜひとも」と答えた。垂仁天皇は都怒我阿羅斯等に、「もし、道に迷わずすばやくやってこれたら、先帝に仕えることができたのに、残念だ。そこで、お前の国の名を改めて、御間城《みまき》天皇（崇神天皇）の名を取りなさい」と述べられた。それで、赤織絹《あかおりのきぬ》を都怒我阿羅斯等に賜《たまわ》って本国に帰した。その国が「弥摩那国《みまなのくに》（任那）」と名乗るのは、このためだ。都怒我阿羅斯等は、赤織絹を携えて祖国の村の倉庫に収めた。ところが新羅の人々がこの噂を聞きつけ、兵を起こし、赤織絹を奪ってしまった。新羅と任那が互いに恨むようになったのは、これがきっかけだったという。

これが、都怒我阿羅斯等をめぐる『日本書紀』の記事である。

どうにも気になって仕方ないのは、「三年間角鹿にいて帰って行った」という話だ。海と陸、朝鮮半島と日本をめぐる説話の中で、なぜか「三年間滞在し、元の場所に戻ってくる」という例が頻出する。お伽話で有名な浦島太郎《うらしまたろう》も、龍宮城《りゆうぐうじよう》に三年間暮らしていたが、この説話も、すでに『風土記《ふどき》』の中に示されていたものなのだ。都怒我阿羅斯等が例外なのは、あちらからこちらにきて、三年後帰って行ったという逆バージョンだからである。

重なる都怒我阿羅斯等《つぬがあらしと》とアメノヒボコ

「三年で往き来」、という説話の謎は、のちに再び触れよう。ここでは、都怒我阿羅斯等の正体に迫っておきたい。都怒我阿羅斯等の名が「角鹿（敦賀）」の地名となり、その角鹿で、応神天皇は「笥飯大神と名を交換した」という。その笥飯大神は、都怒我阿羅斯等であった可能性が高い。

そして一般に、都怒我阿羅斯等は新羅王子・アメノヒボコ（天日槍《あめのひぼこ》、天之日矛《あめのひぼこ》）のことではないか、と考えられている。応神天皇が名を交換した笥飯大神も、アメノヒボコと思われる。これは、通説の考えでもある。根拠は、以下の通り。

『日本書紀』の垂仁二年是歳の条が、都怒我阿羅斯等の記事で、その直後の垂仁三年春三月条に、「新羅《しらき》の王子《せしむ》天日槍《あめのひほこ》来帰《まゐけ》り」とある。将来した宝は、羽太玉《はふとのたま》、足高玉《あしたかのたま》、鵜鹿《うか》鹿赤石玉《かあかしのたま》、出石小刀《いずしのかたな》、出石桙《いずしのほこ》、日鏡《ひのかがみ》、熊神籬《くまのひもろき》、合わせて七つだったという。

この記事に従えば、都怒我阿羅斯等と天日槍は、明らかに別人として描かれている。ところが『古事記』の天之日矛の来日説話と、『日本書紀』の都怒我阿羅斯等来日説話が、瓜二つで、両者は別人ではない、というのだ。六世紀に任那（伽耶諸国）は新羅に併呑され滅亡してしまったため、「新羅と任那の王子」は混同されてしまったのではないか、というのである。

そこで、『日本書紀』の先の記事の続きを、見てみよう。「一《ある》に云《い》はく」と、来日説話の別伝になっている。

はじめ都怒我阿羅斯等が国にいたとき、黄牛《あめうじ》（あめ色の牛）に農具を乗せて田の中の家屋に行った。すると牛が逃げてしまったので足跡をたどっていくと、郡《こおり》の役所の中に入っていっていた。すると一人の老人が次のように語った。

「あなたが求めている牛は、この郡家《ぐうけ》の中に入りました。すると郡公《むらきみ》（村の有力者たち）は『牛が負っている鋤から推しはかるに、殺して食べるつもりだったのだろう。もし牛の持ち主がやってきたら、代わりのものをやって償えばよいだろう』と言って食べてしまいました。もし、『牛の代償になにが欲しい』と聞かれたら、財物を望まれますな。『郡内で祀っている神を得たいと思う』と、言いなさい」

都怒我阿羅斯等は老人のいいつけを守った。すると、祀る神というのは白い石であった。都怒我阿羅斯等は白い石を持ち帰り、寝室に置いた。その神石《くすしきいし》は美しい童女《どうじょ》（乙《おと》女《め》）に変化した。都怒我阿羅斯等は大いに喜び、結ばれたいと思った。ところが、都怒我阿羅斯等が外に出た隙に、童女は消えてしまった。都怒我阿羅斯等は驚いて妻に、「童女はどこに行ったのか」と問うと、「東に向かった」というので、追って遠く海に浮かび、日本に至った。逃げた童女は難波《なにわ》にいたり、比売語曾《ひめこそ》社（大阪市東成《ひがしなり》区の比売《ひめ》許曾《こそ》神社《じんじゃ》）の神となり、また、豊国の国前《くにさき》郡にいたり、比売語曾社（大分県東国東《ひがしくにさき》郡姫島《ひめしま》村）の神となった。二ヶ所に祀られた、という。

これが、都怒我阿羅斯等来日説話の別伝である。『古事記』には、これが天之日矛の話となって伝えられている。

『古事記』は神功皇后を新羅王子の末裔と記す

二人の話はまったく同じではない。そこで、『古事記』のアメノヒボコ来日説話のあらましを記しておこう。

新羅の阿具奴摩《あぐぬま》という沼で、賤しい女性が昼寝をしていたら、陽の光が虹のようにホトを刺した。賤しい男がその様子を見ていた。女人は赤い玉を生んだ。賤しい男は、その玉を貰い受け、腰に着けた。男は谷間に田を作り、耕作人たちの食べ物を牛に乗せて運ぼうとしたところ、天之日矛に呼び止められ、「お前はこの牛を殺すつもりだろう」と言いがかりをつけられた。賤しい男が「食べ物を運んでいるだけです」と弁明しても許さなかった。賤しい男は、例の玉をアメノヒボコに賄賂として渡すと許され、アメノヒボコは玉を持ち帰って床に置いた。すると美しい乙女に化けた。乙女は正妻となり、御馳走を作っては、アメノヒボコを喜ばせた。ところがアメノヒボコは増長し、乙女は「そもそも私はあなたの妻となるべき女ではありません。親（祖）の国に行きます」と言って逃げて難波に留まる。比売碁曾社《ひめごそのやしろ》に鎮座して、阿加流比売神《あかるひめのかみ》という。

多少の差はあっても、『日本書紀』の都怒我阿羅斯等、『古事記』のアメノヒボコは、よく似ている。そして両者が角鹿の地と強く結ばれていたから、笥飯大神（去来紗別神）と同一であった可能性は高い。

たとえば『日本書紀』垂仁三年春三月の新羅王子天日槍来帰記事の別伝には、天日槍が貢献した神宝が記され、その中に、イササ大刀《たち》（胆狭浅大刀《いささのたち》）が含まれるが、これが笥飯大神とアメノヒボコをつないでいる。

水戸彰考館《みとしょうこうかん》の豊田亮《とよだりょう》（江戸時代後期の漢学者）は、笥飯大神＝去来紗別神と、天日槍が献じたイササ大刀に注目した。イササ大刀を神体にしたから、イザサワケの名が生まれたと言うのだ。承和《じょうわ》二年（八三五）、気比大神《けひのおおかみ》の子・天利剣命《あめのとつるぎのみこと》に従五位下を授けたという話があって、この天利剣命の名が天日槍によく似ていて、槍や剣を名とした父子にほかなるまいとする。

三品彰英《みしなしょうえい》は『三品彰英論文集　第四巻　増補　日鮮神話伝説の研究』（平凡社）の中で、この豊田亮の考えを踏襲し、次のように述べる。

> イササ大刀はアメノヒボコの魂代であり、祖霊アメノヒボコそのものを象徴したものといえる。

このように、江戸時代以来、気比神宮の去来紗別神と天日槍は、同一と考えられてきたのである。

では、なぜ応神天皇と笥飯大神は、名を交換したのだろう。両者の間に、どのような接点があったというのか。

『古事記』のアメノヒボコ来日説話の最後に、アメノヒボコの末裔の系譜が掲げられている。そこには、アメノヒボコの末裔の葛城高額比売命《かずらきのたかぬかひめのみこと》が息長帯比売命《おきながたらしひめのみこと》（神功皇后）の母とある。つまり、アメノヒボコは応神天皇の母系の遠祖だったことになる。応神天皇には、新羅や伽耶の血が混じっていたことになる。

もっとも、このような系譜が『古事記』に載りながら、『日本書紀』に一言も記されていないのは不可解だ。ここに、大きな謎が隠されているのだが、アメノヒボコと神功皇后の血のつながりを無視することはできない。

津田左右吉《つだそうきち》が否定してしまったアメノヒボコ来日説話

津田左右吉は、『津田左右吉全集　別巻第二』（岩波書店）の中で、アメノヒボコの来朝説話を、根本から疑っている。その理由を、四つあげている。

（1）『古事記』にはアメノヒボコ来朝説話は、応神天皇の巻に、「昔のこと」と記され、

『日本書紀』には、垂仁三年の条に記される。また『播磨国風土記《はりまのくにのふどき》』には、神代《かみよ》のことと記録されている。しかし、韓地《からくに》の形成と、ヤマト朝廷の勢力の及ぶ範囲を勘案すれば、三世紀にアメノヒボコが来朝するということ自体がありえない。

(2)アメノヒボコ(天日矛《あめのひぼこ》、天日槍)の名が、新羅人らしくない(日本的、ということ)。

(3)アメノヒボコが持ち来たったという神宝に、新羅らしい特色がない。どれも、日本人の思想から作り出されたものにすぎない。

(4)『古事記』に載るアメノヒボコ来朝説話は、そっくりそのまま『日本書紀』のツヌガアラシト来朝記事と、瓜二つだ。「本来話そのものは甲にも乙にも関係の無い独立のものであつたのを、或は甲に結合し或は乙に附会したもの、と考へる方が合理的」とする。

また、件の説話は、朝鮮半島の扶余《ふよ》王の祖先の神話(卵生《らんせい》神話)そのもので、上代の日本に伝わっていたこと自体が面白い、とする。

アメノヒボコの妻が難波のヒメコソ神社に祀られたという話も、難波が韓地に対する航路の終着点であるがために、物語に結合されてしまった、と説く。

『古事記』の、アメノヒボコが難波で遮られたためにタヂマ(但馬《たじま》)にまわって上陸したという話も、地理上怪しいという。ただし、アメノヒボコの通った道は、『古事記』

仲哀天皇巻末に、建内宿禰《たけのうちのすくね》が太子（応神）を奉じ、近江、若狭《わかさ》を経て、越の角鹿に宮を造ったという話と同じと指摘している。

これらの疑念を挙げたうえで、「ヒボコの物語には一つも事実として考へらるべきことが無い」といい、アメノヒボコのみならず、神功皇后の新羅征討物語など、新羅をめぐる種々の物語の史料としての価値は、きわめて低いと結ぶのである。

一方、こんな指摘もある。三品彰英はアメノヒボコと神功皇后双方の伝説を追っていくと、地理的分布において、驚くほど似ている、と指摘した（前掲書）。

また、アメノヒボコの追ってきたアカルヒメについて、神の妻であり、巫女、祀る者と言い、次のように述べる。

「祀られる神」であるアメノヒボコは巫女に招禱される存在であるがゆえに、彼女の到るところに従って、その後を追わねばならなかった。歴史的にいえば巫女の宗儀が伝来し、彼女らヒボコ族の移動に従ってアメノヒボコの遍歴物語が構成されることになったのである。（前掲書）

その上で、オキナガタラシヒメはアメノヒボコ伝説のアカルヒメらと「等置し得る存在」といい、「巫女的性能においてシャーマニズム系のイヅシ宗儀の荷担者であった」と推断するのである。

これらの考えは、アメノヒボコも神功皇后も、どちらも実在しなかったという前提のもとに語られている。

しかし、理由はのちに触れるが、アメノヒボコも神功皇后も、どちらも実在の人物だったと思えてならない。

アメノヒボコが「日本的なのも奇妙だ」と津田左右吉は述べるが、アメノヒボコが朝鮮半島からやってきたのに日本的だったのは、それなりの理由があったからと筆者は見る（のちに述べる）。

ヤマト建国とかかわってくる朝鮮半島の日光感精型神話

アメノヒボコは神功皇后の祖であるとともに、応神天皇とも大いにかかわってくるのだから、この存在を無視することはできない。

『日本書紀』や『古事記』のみならず、『風土記』などにも伝説を残している。アメノヒボコ個人だけではなく、神功皇后やタジマモリ、伊豆志袁登売神《いずしおとめのかみ》（このあと触れる）、などもアメノヒボコ関連説話と考えれば、これほど話題性に富んだ人物は、他に例を見ないのである。

しかも、神功皇后を通じて、天皇家の系譜にかかわりをもっているのだから、アメノヒボコは、多くの秘密を握っていたと考えるべきであろう。さらに、応神天皇が去来紗別神と名を交換したという説話にも、これまで見落としてきた暗示が、隠されていたのではあるまいか。

　正史の歴史時代に登場する人物が「神がかっている」からといって、これを「実在したわけではない」と斬り捨ててしまっては、歴史の真実を見誤る。『日本書紀』編者の歴史改竄《かいざん》のカラクリを、神話じみた人物だからこそ知っていた可能性は高いのであり、また、神話じみた説話の中に、隠された真実が埋もれているかもしれないのである。

　たとえば、神功皇后が応神天皇を孕み、石を腰に挟んで産み月を遅らせ、新羅から凱旋した北部九州で産み落とした話は、朝鮮半島に見られる「卵生型神話」の一種とする見方がある。「腰に挟んだ石」が、ただの石ではなく、応神天皇そのものだ、というのである。

　そこで大陸系の日光感精型神話に注目すると、興味深い事実が浮かびあがってくる。

たとえば、『古事記』に記された、神武天皇の正妃の出自をめぐる話も、朝鮮半島の日光感精型によく似ている。

　ヤマトの地に君臨した神武天皇は、大后《おおきさき》にふさわしい女性を探した。すると大久米命が次のように報告した。

「このあたりに乙女がひとりおります。神の子だといいます。三嶋《みしま》の湟咋《みぞくい》の娘で、名は勢夜陀多良比売《せやだたらひめ》です。美しかったために、美和《みわ》（三輪）の大物主神が一目惚れし、乙女が大便をするときに、丹塗矢《にぬりや》となって溝を流れ下り、乙女のホトを突きました。乙女は驚き、走り回り、矢を持ち帰って床のそばに置くと、たちまち麗しい男性となりました。

乙女を娶《めと》り、生まれたのが、富登多多良伊須須岐比売命《ほとたたらいすすきひめのみこと》といいます。またの名は、比売《ひめ》多多良伊須気余理比売《たたらいすけよりひめ》といいます。だから、神の子というのです」

この報告を受け、神武天皇は伊須気余理比売《いすけよりひめ》を娶るのである。

なぜ神武天皇の正妃と三輪の大物主神をめぐる説話が、大陸や半島の神話に似通っているのだろう。

三輪山の大物主神といえば、大田田根子《おおたたねこ》の話を避けて通ることはできない。大物主神を祀る大神氏の祖は大田田根子だが、この人物の出身地が、渡来系の人々と強くつながっているとする説がある。

大田田根子が歴史に登場するのは、第十代崇神天皇の時代だ。天変地異《てんぺんちい》に困り果てた崇神天皇が占ってみると、大物主神が神託を下し、「わが子大田田根子を探しだし、私を祀れ」と告げた。大田田根子は、茅渟県《ちぬのあがた》の陶邑《すえのむら》(大阪府堺市)で見つかった。

『古事記』によれば、大田田根子は三輪君《みわのきみ》と鴨君《かものきみ》の祖である。

なぜ大田田根子までに朝鮮半島がからんでくるのか

大田田根子は、よくよく「陶」と縁のある人物だ。『日本書紀』によれば、母は陶津《すえつ》耳《みみ》の娘の活玉依媛《いくたまよりひめ》だといい、『古事記』は、陶津耳の娘・活玉依毘売《いくたまよりびめ》の末裔が大田田根子だったと記録する。

問題は陶邑で、五世紀の伽耶系帰化人が多く住みついていた。また、地名が「陶」とあるのは、須恵器《すえき》の生産がさかんな土地であったからだ。少なくとも六世紀以降、須恵器生産の拠点であったことは、考古学的にも確かめられている。須恵器は、伽耶系帰化人がもたらした、先進の技術だったのである。

陶邑のあった堺市の陶荒田《すえあらた》神社の主祭神は高魂命《たかみむすびのみこと》、剣根命《つるぎねのみこと》で、さらに大田田根子、事代主命《ことしろぬしのみこと》、菅原道真《すがわらのみちざね》が祀られる。神社の森を「太田《おおた》の森」というのは、大田田根子に縁の深い土地だからだろう。

神社の名、陶荒田神社の「陶」は、須恵器生産の拠点だった陶邑の古い地名ゆえに、また「荒田」がくっついているのは、荒田氏が主祭神の末裔だからだ。『新撰姓氏録《しんせんしょうじろく》』によれば、高魂命の五世の孫が剣根命で、その末裔が荒田直だという。この荒田氏は、葛城の土着の豪族である。

『新撰姓氏録』は、荒田氏の同族に葛木忌寸《かつらぎいみき》と葛木直《あたい》を挙げている。この「葛木＝葛城」は、武内宿禰の末裔の葛城臣とは、別の系統で、葛城臣が葛城にやってくるよりも早く、この地で暮らしていたと思われる。

『日本書紀』神武二年二月条には、「剣根を葛城国造《かずらきのくにのみやつこ》とする」と記され、『国造本紀』にも、「剣根命が葛城国造となす。すなわち、葛城直の祖」とある。

それにしても、なぜ葛城土着の荒田氏と、大田田根子がここでつながってくるのだろう。

大和《おおわ》岩雄《いわお》は、大田田根子の末裔の鴨氏が、葛城で事代主命を祀っていたことに注目し、荒田氏と大田田根子の末裔が葛城でつながっていたと推理する。その上で、次のように述べる。

陶器生産の新しい技術は、葛城国造や鴨君などの仲介を得て、はじめて三輪の地に入ったという事実を、おそらく『古事記』『日本書紀』の大田田根子伝承は反映しているのであり、陶荒田神社も、葛城鴨にかかわる荒田直らが陶邑に居住して、祀ったものなのであろう。(『日本の神々3』谷川健一編　白水社)

このように、事実を並べてみると、大田田根子が帰化人系であった可能性は高まる。くり返すが、大田田根子の母は陶津耳の娘で、大田田根子は須恵器生産のさかんな土地からヤマトに連れて来られたという。つまり『日本書紀』や『古事記』は、大田田根子が朝鮮半島からもたらされた先進技術とつながっていたことを、強調しているのである。

ここで問題なのは、大田田根子の説話は第十代崇神天皇の時代背景であり、これはヤマト建国をめぐる「擦った揉んだ」だったことで、なぜここで、アメノヒボコ説話によく似た日光感精型神話や、朝鮮半島南部の技術者をめぐる話がからんでくるのか、大きな謎が生まれる。筆者は、崇神天皇と応神天皇は同時代と考え、応神天皇もヤマト建国に大いにからんでいたと考えるから、ヤマト建国と朝鮮半島の関係も、大いに気になってくる。

応神記に残された朝鮮半島の香り

津田左右吉は新羅王子・アメノヒボコを日本的と評したが、だからといって、半島色が薄かったわけではない。また、アメノヒボコの末裔の神功皇后や応神天皇も、朝鮮半島と数々の接点で結ばれている。『古事記』の応神天皇の段の最後に載る神話も、朝鮮半島の香りがする。次に示すのは秋山の神と春山の神の嫁取り神話である。

伊豆志大神《いずしのおおかみ》の娘に伊豆志袁登売神がいた。ここにある伊豆志大神とは、『古事記』によれば、アメノヒボコのもたらした八つの神宝で、伊豆志《いずし》の八前《やまえ》の大神《おおかみ》ともいう。八十神《やそかみ》（多くの神々）がこの娘に懸想《けそう》をし、妻にしたいと願ったが、みな夢は叶わなかった。ここに二柱の神がいた。兄の名は秋山之下氷壮夫《あきやまのしたひをとこ》で弟の名は春山之霞壮夫《はるやまのかすみをとこ》といった。兄が弟に次のように述べた。

「私は、伊豆志袁登売神を妻にしたいと願ったが、夢は叶わなかった。お前は、この乙女を得ることができるか」

というと、弟の春山之霞壮夫は、「簡単なことです」と、にべもなく答えた。そこで兄は、

「もしお前があの乙女を得ることがあれば、上下の服を脱ぎ、身の丈を計ってその高さ

と同じだけの甕《かめ》の酒を作ってやろう。また、山河の幸をすべて用意して、賭けをしよう」

といったのである。

そこで弟は、兄の言葉をそのまま母に伝えると、母は藤の蔓をとって、一晩の間に、服装一式を織り上げた。また、弓矢を作って服を着せ、弓矢を取らせて、その乙女の家に送りだした。すると衣服と弓矢はことごとく藤の花となった。

春山之霞壮夫は、その弓矢を乙女の厠にかけた。すると伊豆志袁登売神は、その花を不思議に思い、それを持ち帰った。春山之霞壮夫はそのあとをつけ、乙女の家に入って、そのまま結婚し、ひとりの子を生んだ。

こうして春山之霞壮夫は、兄に「私は伊豆志袁登売を得ました」と報告した。すると兄は、腹を立て、賭け物を払おうとはしなかった。春山之霞壮夫は母に嘆いてみせた。すると母は、次のように答えた。

「わが御世（私が生きている間）は、よく神を見習うべきです。また、人の振る舞いに習ったから賭け物を払おうとしないのだろうか」

母は秋山之下氷壮夫を恨み、伊豆志河《いずしのかわ》の河島の一節竹《ひとよだけ》を取り、八目の荒籠《あらこ》（目の荒い籠）を作り、川の石を塩に混ぜて竹の葉に包み、春山之霞壮夫に、次のように述べさせて呪詛《じゆそ》させた。

「この竹の葉が青く茂るように、この竹の葉の萎れるように、茂り、萎れよ。潮が満ちたり引いたりするように、満ちよ、引け。また、石が沈むように、沈め」

そしてこれらを煙の通る竈《かま》の上に置き、これによって、秋山之下氷壮夫は八年間、潮が干上がったように、竹の葉が病み枯れたように、生気がなくなった。

秋山之下氷壮夫は悲しみ泣き、母に許しを請うと、賭けの品を春山之霞壮夫に渡させた。こうして秋山之下氷壮夫の体は元に戻ったのである。

この話を終えて、『古事記』は応神天皇の末裔の系譜を掲げ、中巻を終えるのである。アメノヒボコの神宝を神とみなした説話だが、丹塗矢神話を思い起こさせる設定であった。丹塗矢ではなく、弓が登場し、廁もひとつの舞台となる。日光感精型神話の変形といってよいだろう。

応神天皇の母・神功皇后と朝鮮半島の関係

応神天皇にまとわりつく、渡来系の人脈と説話。

母親の神功皇后も、同様に、朝鮮半島の香りがする。

神功皇后はアメノヒボコの末裔だと『古事記』は言い、三品彰英はアメノヒボコと神功皇后の足跡はぴったりと重なると指摘した。さらに三品彰英は、アメノヒボコが追ってきたヒメコソと神功皇后が重なるという。実際、神功皇后も性格は巫女であって、ヒメコソと同類である。

『日本書紀』仲哀八年の条に、豊浦宮から西に向かった神功皇后一行を筑紫の伊覩県《いとのあが》主《たぬし》（伊覩県は「魏志倭人伝」にある「伊都国《いと》」。福岡県糸島郡《いとしま》）の祖・五十迹手《いとて》が出迎える場面があるが、『筑前国風土記』逸文怡土郡《いつぶんいとのこおり》の条には、神功皇后に素性を問われた五十迹手は、「日桙（アメノヒボコ）の末裔」であることを申し上げたとある。

ここで、神功皇后とアメノヒボコが、遠い縁で結ばれてくる。

『日本書紀』は、ヒメコソは難波と豊国に至ったと伝えるが、双方にヒメコソを祀る神社が存在する。

さらにヒメコソのやってきたという豊国には、宇佐神宮と香春《かわら》神社が鎮座し、どちらも新羅系渡来人と大いにかかわり深い。

香春神社の祭神は、辛国息長大姫大目命《からくにおきながおおひめおおまのみこと》、忍骨命《おしほねのみこと》、豊比咩命《とよひめのみこと》だ。名前の中に「辛国《からくに》＝韓国《からくに》」とあって、すでに渡来系の匂いがする。『豊前国風土記《ぶぜんのくにのふどき》』逸文には、すでに触れたように、新羅国の神が、自ら渡ってきたとある。この正体は定かではないが、辛国息長大姫大目命のことだろうとする説が根強い。また、香春神社の神官に鶴賀《つるが》氏がいて、彼らは都怒我阿羅斯等の末裔を名乗っている。とすれば、アメノヒボコの末裔である。

香春神社の祭神・辛国息長大姫大目命には「息長」の二文字があって、応神天皇の母・神功皇后は「息長足姫命《おきながたらしひめのみこと》」なのだから、無視できない。神功皇后は新羅征討を敢行し、応神天皇は生まれる前から、新羅を支配下に収めることが決まっていたという。

香春神社のもう一柱の祭神は豊比咩で、この女神も、神功皇后と接点をもつ。神功皇后は「トヨの名をもつ海の女神」と通じているからだ。

大分県東国東《ひがしくにさき》郡姫島村に比売語曾神社が鎮座する。姫島は、朝鮮半島↓北部九州↓瀬戸内海↓難波へと続く海の道のルート上に位置する。ヒメコソがこの地で祀られるのは、渡来人のやってきた道だと多くの学者が推理する。それはそうかもしれないが、「トヨの国（豊国）」に祀られている事実も、軽視できない。「トヨ」といえば、邪馬台国の「台与」であり、神功皇后とつながる。そして、神功皇后は新羅王子・アメノヒボコと重なってくるだけではなく、気長足姫《おきながたらしひめ》（息長足姫命）の名は香春神社の祭神・辛国息長大姫大目命と、よく似ている。

やはり神功皇后も応神天皇も、新羅や伽耶（任那）と強く結ばれている。

宇佐神宮と帰化人

八幡神を祀る宇佐神宮も、渡来人や帰化人抜きには語れない。そこでしばらく、宇佐神宮について、考えておきたい。

八幡神を祀る社は、全国に四万余社あり、神社全体の四割近くに上っている。日本でもっとも人気の高い祭神といっていい。その大本が、豊前《ぶぜん》国宇佐（大分県宇佐市）の、宇佐神宮（宇佐八幡宮《うさはちまんぐう》）である。

『延喜式《えんぎしき》』によれば、「宇佐三座」は、「八幡大菩薩《だいぼさつ》宇佐宮」「比売《ひめ》神社」「大帯姫廟《おおたらしひめびょう》神

八幡神を祀る宇佐神宮（大分県宇佐市）

社」であった。これらの社の祭神が、やがて「誉田別尊（応神天皇）」「比売《ひめ》大神《おおかみ》」「大帯姫（神功皇后）」と考えられるようになったわけである。

では、宇佐神宮はいつごろ創祀されたのだろう。『扶桑略記《ふそうりゃくき》』は、欽明天皇の時代だったというが、信じられているわけではない。

原始八幡信仰は、馬城峯崇拝《まきのみねすうはい》からはじまったようだ。古い縁起は口をそろえて、「ここからはじまった」と紹介している。

『日本書紀』の神武東征の場面で、筑紫国《ちくしのくに》の菟狭《うさ》（宇佐）に至ったときの話に、菟狭国造《うさのくにのみやつこ》（宇佐氏）の祖・菟狭津彦《うさつひこ》と菟狭津媛《うさつひめ》が登場する。菟狭川（駅館川《やつかんがわ》）の上流に一柱騰宮《あしひとつあがりのみや》（柱が一本の仮の宮）を建て、饗応し、恭順したとある。

ちなみに、「宇佐氏系図」によれば、菟狭津彦の祖は天三降命《あまつみくだりのみこと》（宗像三神《むなかたさんしん》）といい、『日本書紀』も「宗像神は宇佐に降臨した」と述べる。中《なか》野幡能《のはたよし》は『八幡信仰』（塙新書）の中で、宇佐氏の祖が宗像三神ならば、宇佐の本来の祭神は応神天皇ではなかったと疑う。しかし、宗像の子は住吉で、孫は八幡とする言い伝えがあって、他の拙著の中で述べたように、宗像神と八幡神は、強い因果で結ばれているのだから、菟狭津彦が宗像神とつながっているから八幡神と応神天皇の関係が途切れるわけではない。

それはともかく、神武東征説話に宇佐神宮は出てこないが、宇佐氏が早くから土地の信仰にかかわりをもっていたことは確かであろう。その後、新羅系の辛嶋《からしま》氏の勢力が宇佐に入り込んだ。

ところが、六世紀後半に、宇佐に変化が起きていたようなのだ。『扶桑略記』などによれば、欽明三十二年（五七一）に大神比義《おおがのひぎ》なる人物が、託宣を得て八幡神を応神天皇と見立て、奉斎《ほうさい》したという。大神氏は三輪山の大物主神を祭る大神《おおみわ》氏の流れを汲んでいる。

また和銅《わどう》五年（七一二）には鷹居《たかい》瀬社《せやしろ》、神亀《じんき》二年（七二五）には、小倉山に社が遷り、現在にいたっている。

ところが、この一帯は古くから朝鮮半島の文化が流れ込んでいたが、秦氏ら大量の移民が朝鮮半島から流れ込んで、さらに異国情緒漂う世界に変貌していった。

『隋書《ずいしょ》』倭国伝《わこくでん》には、大業《たいぎょう》四年（推古《すいこ》十六年［六〇八］）に隋の皇帝煬帝《こうていようだい》が裴世清《はいせいせい》を日本に遣わしたこと、裴世清が一支国《いきこく》（壱岐）、竹斯国（福岡）を経由して、「秦王国《しんおうこく》」に至ったとある。「その人華夏《かか》（中国人）と同じ」と言い、「夷洲《いしゅう》（台湾）とも思うが、はっきりとしない」と記される。

謎めく「秦王国」。福岡県の東方にあったと考えられるが、いったいどこを指しているのだろう。一般には、豊国や宇佐周辺と考えられている。というのも、八世紀初頭の豊前国（大分県北部）の戸籍に、九六パーセントが新羅系の渡来人で占められた集落の記録が残されているからだ。また、別の集落では、七四パーセントという高密度であった。ただし、ここに渡来人の独立国があったわけではない。「竹斯（筑紫）国から東の地域は、みなヤマトに従属している」と、記事はつづくことからも、明らかだ。

秦氏は新羅系の帰化人とされているが、中国の歴史書には、しばしば「新羅には中国系が混じっている」「新羅は言葉などが中国に似ている」とある。それはなぜかと言えば、『後漢書《ごかんじょ》』『三国志《さんごくし》』『晋書《しんじょ》』などが「秦の始皇帝の時代、労役から逃れた人々がこの地に移住した。それで辰韓《しんかん》（秦韓《しんかん》）と名付けた」と記録するように、大量の亡命者が朝鮮半島に流れていたと中国側では考えられていたからである。

そして裴世清は、朝鮮半島南部のみならず、日本列島にも「秦人の土地がある」と、本国に報告したのである。

八幡信仰は鹿児島で始まった？

宇佐の地で八幡神を祀ってきた大神氏も、本当は朝鮮半島からの渡来系ではないかと疑われている。また、宇佐神宮の祭祀《さいし》に関わってきた宇佐《うさ》郡辛嶋郷の辛嶋氏も、「辛＝韓」からやってきた渡来人とされている。

やはり、どこからどうみても、豊国の宇佐神宮は「韓（新羅）」の人脈に囲まれている。

鎌倉時代後期に宇佐の僧・神吽《じんうん》が編纂した『八幡宇佐宮御託宣集《はちまんうさぐうごたくせんしゅう》』（『宇佐託宣集《うさたくせんしゅう》』）に、八幡神が出現したときの奇譚《きたん》が語られている。神は三歳の童子の姿で竹の葉の上に現れ、次の託宣を下したという。

辛国《からくに》の城《き》に始めて八流《やつながれ》の幡《はた》を天降して、吾《われ》は日本の神となれり

不思議な内容だ。「辛国の城」とは何だろう。なぜ、八流の幡を下して、日本の神になったというのだろう。鎌倉時代ということは、すでに（とっくの昔に）、八幡神と応神天皇は同一と考えられていたのだから、応神天皇が「辛国の城」に舞い下り、それで日本人になれた、といっているようなものだ。

田村圓澄《たむらえんちょう》は『日本の神々1　九州』（白水社）の中で、「辛国」を「韓国」と考え、宇佐八幡《うさはちまん》は、もともとは韓国の神だったと指摘する。その上で、「辛国の城」の「城」は「村落」の意で、辛国人の集落（日本にあった渡来系の集落）に旗を降ろし聖地にした、というのである。

ならば、辛国の人々の集落とは、どこを指しているのだろう。

そこで注目してみたいのは、「もうひとつの八幡宮《はちまんぐう》＝鹿児島神宮」である。

鹿児島神宮は、もと鹿児島神社で、八幡宮、国分八幡、大隅正八幡《おおすみしょうはちまん》とも呼ばれる。祭

神は、天津《あまつ》日《ひ》高彦穂《たかひこほ》々《ほ》出《で》見尊《みのみこと》（彦火《ひこほ》火《ほ》出《で》見尊《みのみこと》）、豊玉比《とよたまひ》売命《めのみこと》、応神天皇、神功皇后などである。

大隅正八幡に「正」の文字が入るのは、「こちらの神社が本物で、宇佐は偽物」という意識が鹿児島神宮にあるかららしい。

八幡信仰といえば、「まず宇佐（大分県宇佐市）からはじまった」というのが常識となっているが、『八幡《はちまんぐ》愚童訓《どうくん》』や『今昔《こんじゃく》物語《ものがたり》集《しゅう》』では、「まず鹿児島に八幡神がやってきた」と伝えている。しかも、継体《けいたい》天皇の時代であったという。『水鏡《みずかがみ》』は、神功皇后が大隅国で応神を産んだと主張している。

宇佐よりも正統？　鹿児島神宮（鹿児島県霧島市）

これらの伝承が正しいかどうか、はっきりとはしないが、これらの発想には、八幡神（応神天皇）と天孫降臨を、重ねてみている節がある。

鹿児島神宮のある霧島《きりしま》市（旧国分《こくぶ》市）の人たちは、北側に屹立《きつりつ》する霧島《きりしま》山系を神聖視している。ここは、天孫降臨神話の舞台で、天津《あまつ》彦彦火瓊《ひこひこほのに》瓊《に》杵尊《ぎのみこと》の舞い下りた日向の高千《たかち》穂峰《ほのみね》だから、当然といえば当然なのだ。ただし、もっとも重視されているのが、韓国岳《からくにだけ》というから、聞き捨てならない。八幡神が八流の幡を下したという辛国の城は、韓国岳と考えても、いっこうに差しつかえあるまいし、事実、「辛国の城＝韓国岳説」を唱える史学者もいる。

筆者は、神功皇后と応神はヤマトに裏切られ、北部九州から有明海に船を漕ぎだし、天孫降臨神話の降臨後の第一歩目、笠狭碕《かささのみさき》（鹿児島県の野間岬）にたどり着いたと考えている。したがって、八幡神（応神天皇）はまず、鹿児島に舞い下りてきて、日本の神になったという説話が、単純な創作には思えないのである。

しかも、応神が八流の幡を突き立てたのが辛国の城というから、興味が尽きない。なぜ、応神が、辛国＝韓国の城を選んだのだろう。

やはりここでも、応神と「韓」はつながっているのだが、ここで注目したいのは、「なぜ鹿児島では、八幡神は鹿児島が本物」と主張しているのか、その理由である。鹿児島神宮に八幡神が祀られる由来については、おおよそのことはわかっている。

なぜ鹿児島で八幡信仰と天孫降臨神話がつながってしまったのか

鹿児島神宮が祀られるきっかけとなったのは、八世紀の隼人征討だったのではないかとする考えが一般的だ。

宇佐に最初の八幡社（鷹居社《たかいしや》）が建てられたのは、和銅三年（七一〇）。ちょうど律令体制が整いはじめた頃合いであり、各地に新たな法体系、税体系を強要していく時代でもあった。そんな中にあって、南部九州の隼人は、律令制度の導入に反発したようだ。これが、いわゆる隼人の反乱と呼ばれるものだ。和銅二年（七〇九）に勃発している。

南部九州には、軍勢が派遣されただけではない。和銅七年（七一四）には豊前国から二百戸の入植事業が行なわれた。二百戸と聞いてもぴんとこないが、当時の一戸の平均的家族数は、約二十五人で、総数は五千人ぐらいになる。また、古代の行政区画は「国」「郡」「郷」「里」と続き一郷は四十戸だから、五つの郷の人間が強制的に南部九州に送り込まれたことになる。小さな郡が丸ごと引っ越ししたイメージである。隼人の民を教化（啓蒙）する目的だったという。しかし、策は裏目に出たようだ。養老《ようろう》四年（七二〇）、大隅隼人が蜂起し、一年数ヶ月もの間、争乱状態が続いてしまった。差し向けられた将軍は、大伴旅人《おおとものたびと》であった。一万以上の大軍である。

この時、豊前国の人々も、隼人征討軍に参加した。結局朝廷軍が勝利を収めるが、亡くなった隼人たちの霊を慰めるために、宇佐神宮と周辺では、放生会《ほうじようえ》が執り行われるようになったと考えられている。

このように、律令体制整備と隼人の反発によって、南部九州は戦場となり、豊国から多くの移民が流れ込んだのだった。しかも彼らの大半は、新羅系の渡来人、帰化人の末裔であった。そして、宇佐の八幡信仰が、南部九州に持ち込まれた、ということになる。

大和岩雄は、宇佐の八幡信仰は、当初新羅系渡来人の信仰であったのに、八世紀の初頭に大神氏が中央政府の意向で派遣され、八幡神と応神天皇が重ねられたとする。そして、宇佐の地で起こった秦王国の八幡信仰は、鹿児島の地に受け継がれた、というのである。

しかし、鹿児島に残された伝承は、これらの一般的な発想を、「それは違う」と、アピールしているように思えてならない。くどいようだが、鹿児島の地で八幡信仰と天孫降臨がダブって見えるのは、大問題である。宇佐の八幡信仰が鹿児島にもたらされたから、天孫降臨神話と八幡信仰が重なってしまったとは思えないのである。

なぜ『日本書紀』は新羅と応神を引き離したのか

鹿児島の人々が、地元の八幡社を「大隅正八幡宮」と呼び、「こちらが正統な八幡信仰」と唱え続けてきた背景には、『日本書紀』によって抹殺されてしまった「応神天皇にまつわる真実」が、この地で語り継がれていたからではないかと思いいたる。

ただしここで、八幡信仰にこれ以上深入りしようとは思わない。宇佐も大隅も八幡信仰も、何もかも、「韓」「新羅」「伽耶」の匂いにつつまれていた、ということを確認するに留めたい。

そこで改めて確かめなければならないことは、いつごろから、応神天皇と「新羅」「伽耶」「韓」は、多くの接点をもつようになったのか、ということである。つまり、応神天皇や神功皇后に新羅の影がつきまとうようになったのは、八世紀に両者が習合していったからなのだろうか。あるいは、もともと応神天皇と神功皇后は、朝鮮半島と強い絆で結ばれていて、だからこそ、あらゆる場面で「新羅」「伽耶」とかかわりをもってくるのだろうか。

謎めくのは『日本書紀』の態度ではなかろうか。すでに述べたように、『古事記』はアメノヒボコの末裔が神功皇后と記す。これが本当なら、神功皇后と応神天皇の体に、新羅王家の血が流れていたことになる。ところが『日本書紀』はこの系譜を黙殺し、『日本書紀』の記事を読んでも、神功皇后や応神天皇と新羅の間には、あまり接点が見出せない。『日本書紀』だけが、応神天皇と新羅のつながりを無視しているかのように思えてくるのである。

神功皇后は男勝りの活躍で、新羅征討を成功させた。そして、胎児の応神天皇が、新羅を手に入れたという。だから、『日本書紀』の記事の中で応神と新羅の関係がまったくないわけではない。しかし、神功皇后と新羅は敵対する間柄で、凱旋後の二人は、新羅とはほとんど縁のない生活を送っていく。

『日本書紀』は朝鮮半島の南西側の百済びいきで、『古事記』は南東の新羅びいきである。だから、『日本書紀』の編者は、新羅王家の血が天皇家に流れている事実を、抹殺したかったのだろうか。

もちろん、通説は「神功皇后など創作にすぎない」と主張するのだから、このような謎には無関心であろう。しかし、筆者は神功皇后を邪馬台国の台与とみなすのだから、この問題を無視し、素通りすることはできない。

筆者は、新羅（正確には伽耶）の脱解王《だつかいおう》の末裔が三世紀来日し、神功皇后と結ばれ、応神天皇が生まれたのではないかと推理してきた（『海峡を往還する神々』ＰＨＰ文庫、『蘇我氏の正体』新潮文庫）。

つまり筆者は、神功皇后や応神天皇は「もともと朝鮮半島とは強く結ばれていた」と考えるのであり、「だからこそ渡来色の強い八幡信仰が応神天皇とつながっていても、おかしくはない」と考えるのである。

ただそうなると、神功皇后や応神天皇は渡来系の人物で、征服王だったのではないかという疑念が浮上してくるのだ。それほど、いたる場面で、二人は「新羅」や「伽耶」とつながっているからだ。

そこで次章で、応神天皇と秦氏、応神天皇と倭人の関係について、考えてみたい。応神天皇の正体が、いよいよ、明かされるのである。

第五章　倭人と秦氏と応神天皇と葛城氏

倭人とは何者なのか

通説は、応神天皇を河内王朝《かわちおうちょう》の始祖《しそ》と考える。

応神天皇（あるいは子の仁徳天皇）は、ヤマトの旧王家を圧倒し、河内の王家を打ち立てたと、河内王朝論者は推理した。

この仮説が生まれたきっかけは、江上波夫《えがみなみお》の騎馬民族日本征服説であろう。騎馬民族が朝鮮半島からやってきて日本を支配したという衝撃的で画期的な推理が、強い影響力をもっていたように思う。「そもそも天皇の祖は、朝鮮半島からやってきた征服王ではないか」という、戦後の史学界を覆った「漠然とした常識」が、河内王朝論の土台になっていたような気がしてならない。

王家だけではない。日本人、日本文化は、ほとんどが中国や朝鮮半島からやってきたと信じる人も少なくない。

したがって、この段にいたり、改めて「日本人とは何か」「倭人はどこから来たのか」、この根本的な謎に、答えを出しておかなければならない。また、考古学資料が集まってきた今だからこそ、見つめ直すチャンスなのだ。

以下しばらく、「倭人」について考えてみたい。

『説文解字《せつもんかいじ》』によれば、「倭」は「従順な性格」を表しているという。『前漢書《ぜんかんじょ》』も『後《ご》漢書《かんじょ》』もどちらも、東夷は天性従順だ、と記録していることに通じる。東夷が本当に従順であったかどうかの問題ではなく、五行思想の、東は「木」、五徳で「仁」となるという発想に起因しているという。

倭人といえば、弥生時代以降の西日本や日本列島の住人という常識が、どこかにある。「倭人は稲作文化を携えて渡来した人々」というイメージが強いのである。

そこで注目されるのが、後漢《ごかん》の王充《おうじゅう》が記した哲学思想書『論衡《ろんこう》』に残された、次の記事である。

周《しゅう》の時、天下太平にして、倭人来りて暢草《ちょうそう》を献ず

周の時は天下太平、越裳《えつしょう》（越常国）は白雉《はくち》を献じ、倭人は鬯草《ちょうそう》を貢《こう》ず

ここに記された「鬯草（暢草）」とは、神酒《みき》に香りをつける草で、芳しい酒を祭事に際し降り注ぎ、神を降ろすために使うのだという。

この記事は、周の成王《せいおう》の時というから、紀元前一〇二〇年ごろのもので、日本の縄文時代後期から晩期に相当するが、「倭人は渡来人」「倭人は弥生時代にやってきた」という発想を当てはめれば、『論衡』の言う倭人は日本列島の住民ではないことになる。逆に、「倭人は弥生時代に渡来した稲作民族のことではなく、すでに縄文時代から日本にいた」ということならば、ここに登場する倭人は、日本列島の住人であった可能性もでてくる。

では、この倭人は、何者なのだろう。

倭人は中国南部の越人だった？

鳥越憲三郎《とりごえけんざぶろう》は『原弥生人の渡来』（角川書店）や『古代朝鮮と倭族』（中公新書）の中で、『論衡』に書かれた倭人は、日本列島ではなく、中国大陸にいたと推理している。根拠は以下の通り。

『史記』などの史料には、長江《ちょうこう》下流域以南に「多くの越人がいた」と記録されている。「越」は上古音で「ヲ（wo）」で、「倭」の上古音は同じ「wo」と、類音異字にすぎないというのだ。たとえば瀬戸内海の豪族に越智《おち》氏がいるが、この「越」はまさに「古音のwo」とする。つまり、越人と倭人は、同類だというのだ。

そして、黄河《こうが》流域に住んでいた「漢族《かんぞく》」に対し、越（中国南部）から東南アジアの地域に住んでいた人々を「倭族」という新しい概念でとらえるべきだと唱えたのである。

雲南《うんなん》（ユンナン）の高原盆地に発祥した倭族は、水稲稲作の人工栽培に成功し、高床式住居と高床式穀倉を考案して、揚子江《ようすこう》を下り東方に移り越人となり、東に向かって海を渡った者が倭人となった。さらに東アジア、東南アジアに移動し、分布していたというのである。

そして、先述の『論衡』の「倭人」にまつわる記事は、これら「倭族」をさしている、という。この倭族の一部は次第に北上し、山東《さんとう》半島の周辺に住みついた。ところが呉の滅亡（紀元前四七三年）に、稲作文化を携え、朝鮮半島の中部と南部に亡命し、「倭族としての韓族」となり、日本列島に到達した人々が、弥生人になったというのだ。朝鮮半島では、「倭族としての韓族」が辰韓《しんかん》と弁韓《べんかん》を建国したという。

「魏志倭人伝《ぎしわじんでん》」は倭人の習俗について、次のように伝えている。「男子はみな年齢にかかわらず顔や体に文身《ぶんしん》（入墨《いれずみ》）をする」といい、さらに「夏王朝《かおうちょう》の王・少康《しょうこう》の子は会稽《かいけい》に封ぜられると、断髪《だんぱつ》文身し、蛟龍《こうりゅう》（大蛇）の害を防いだ」といっている。また、その少し後に、「倭までの道程を計ってみると、会稽郡東冶《とうや》県の東方にあるようだ」と書き添えている。これは、中国南部と倭国の風俗がよく似ていて、関係があるのではないかと、暗示しているように思われる。

もちろん、このような例があるからこそ、鳥越憲三郎は、「倭人は中国南部から朝鮮半島南部や日本列島に押し寄せてきた」と推理したのだ。つまり、倭人＝日本人の故郷は、中国南部だということになる。越人＝倭人は弥生時代に稲作文化を携えて渡来し、日本人の原型となったということになる。

ただし、念のために確認しておくが、『史記』は長江下流域に「倭人」や「倭族」がいた、と言っているのではない。鳥越憲三郎が、「越人を倭族と呼び直した方がわかりやすい」と言っているにすぎない。ところが、鳥越憲三郎が「越人は倭族」と唱え始めてから、「越人＝倭人」という発想が、定着した感がある。

弥生人＝渡来人は大きな間違い

さて、鳥越憲三郎の「越人（倭族）が日本列島に押し寄せて、倭人となった」という仮説を、そのまま信じることはできない。その理由は、いくつかある。まず第一に、「弥生人＝渡来人」ではないからである。

考古学資料が蓄積されてきた現代、「縄文時代晩期から弥生時代初頭に大量の渡来人が北部九州に押し寄せ、一気に西日本を席巻してしまった」という、かつての「漠然とした常識」は、覆されようとしている。

北部九州や山陰地方など、渡来人の影響を受けやすかった地域でこつこつと発掘調査をしている考古学者は、口を揃えて「大量の渡来人がやってきて弥生時代が始まったとは考えられない」と言う。理由ははっきりとしていて、土着の列島人と渡来人は、当初棲み分けを果たし、また次第に融合していったことが、わかってきたのだ。渡来系の文化が土着の文化を圧倒し席巻したのではなく、縄文的な文化も併存していたという事実がいくつも発見されている。そして、稲作技術は、「むしろ縄文人が率先して受け入れていったのではないか」と考えられるようになってきたのである。

渡来人が縄文人を圧倒して、縄文時代と弥生時代に断絶ができたというのが、かつての常識だった。しかし、たとえば弥生時代を代表する山陰地方の青谷上寺地《あおやかみじち》遺跡（鳥取県鳥取市青谷町）には、縄文時代から弥生時代に継承された文化・慣習が残されていた。

青谷上寺地遺跡は、「地下の弥生博物館」や「弥生の宝物」の異名をとるが、平成十三年（二〇〇一）、弥生人の脳みそが「生」で発見され、マスコミに大きく取りあげられたものだ。水分の多い土地に、弥生遺跡が埋もれていたために、遺物の保存状態が抜群に良かったのだ。

人骨が多量に発見されたことでも知られ、その数五千五百点で、百体の「散乱する人骨」だった。傷ついた人骨や殺傷痕のついた骨が大量に見つかり、「倭国の乱」の時代の生々しい状況を今に伝えている。女や子供も殺されたようで、悲惨な光景が想像できる。

青谷上寺地遺跡は弥生時代前期末（約二二〇〇年前）から古墳時代前期はじめにかけて存続し、弥生時代中期後葉（約二〇〇〇年前）に、大きく発展した。天然の良港「潟《かた》」を利用した交易で栄えた場所だ。交易の範囲は、国内に留まらず、朝鮮半島や中国からもたらされたものも見つかっている。

青谷上寺地遺跡は、まさに弥生時代を代表する遺跡なのだが、縄文的な文化も継承されている。見つかった木製の枕に、白い奇妙なものが突き刺さっていた。それは人間の歯で、縄文人の抜歯の慣習を、青谷上寺地遺跡の弥生人たちは捨てていなかったという。この様子をみても、渡来人が山陰地方を占領し支配したという単純な決めつけをすることはできないことに気付かされる。

さらに、渡来人がもっとも早くやってきた北部九州の遺跡でも、「渡来人の征服劇」は確認されていない。それどころか、土着の民と渡来人は、うまく棲み分けを果たしていたことがみてとれる。渡来人だけで固まったコロニーを形成し、稲作をはじめ、先住の縄文人たちも、次第に稲作を選択していったようなのだ。

北部九州には、当初大陸系の土器や石器、木製農耕具が出現するが、これらの新文化が北部九州に伝播し、古い道具を駆逐したのではなく、むしろ縄文時代から引き継がれた道具が多く使われていた。埋葬文化も、渡来人が支石墓《しせきぼ》を持ち込み北部九州で盛行したが、埋められた人骨の中に、縄文的な体質のものが含まれていた。

つまり、渡来人のもたらした稲作文化を、先住の縄文人が選択し、渡来人と縄文人は、次第に混淆していったと考えられるようになってきたのである。

弥生時代前期の初頭を代表する土器に、遠賀川式土器《おんががわしきどき》がある。遠賀川は福岡県と大分県の県境の英彦山《ひこさん》付近から流れ下り、福岡県遠賀郡芦屋町《あしやまち》に注ぐが、下流域で土器が生まれ、東に向かって伝播していった。かつての常識で言えば、渡来人が弥生人になって新たな遠賀川式土器を造りだし、みるみる広まっていったということになる。稲作文化が一気に東に伝播していった証拠とも考えられていた。ただし、土器には奇妙な紋様が刻まれていた。奇妙というのは、朝鮮半島や中国大陸に、類似した紋様が見つからなかったから謎だったのだ。

ところが、西日本各地で、縄文時代晩期の亀ヶ岡《かめがおか》系の土器が発見されるようになって、遠賀川式土器の紋様に、ひとつの仮説が浮上した。それはすなわち、縄文人が遠賀川式土器に多大な影響を与えた、ということである。ちなみに、「亀ヶ岡」とは、青森県の地名である。

事実、北部九州で、亀ヶ岡文化の特徴を継承した漆塗《うるしぬ》りの飾り弓矢木製品が出土している。すでに縄文時代、東北と北部九州は、文物のやりとりや交流があり、その延長線上に、弥生時代の東西の交流が、続いていたのだ。また弥生時代中期になると、遠賀川の一帯では揺り戻しがあって、縄文的な文化が復活したといい、新来の文物を拒絶する時期があったというのである。

そうはいっても、現代人の血の中に、縄文人一に対し、渡来系がおおよそ二〜三入っていると指摘されているのだから、弥生時代に大量の渡来人が押し寄せてきたと想定せざるをえなくなる。

ところが近年、画期的な仮説が提出されている。弥生時代前期の人口増加のシミュレーションを行なった中橋孝博は、これまでの「大量の渡来人の流入↓圧倒的な力で縄文人を一掃」という推理を否定し、「少数渡来↓人口爆発によって人口比の逆転現象」という図式を描いて見せたのだった。すなわち、少数の渡来人が先住の縄文人と混血を重ね、定着し、稲作をはじめることで人口爆発を起こしたのではないか、というのである。縄文人は簡単な農耕を行なっていたが、稲作ほど効率がよいわけではない。しかも狩猟生活が中心だったから、人口増加の差は歴然としていた。シミュレーションと計算によって、少数の渡来人が混じっただけでも、渡来系の血が濃くなっていくことが、はっきりとしたのである。

このモデルを想定した場合、渡来してきた人たちは、浸みるように先住民の中に溶け込んでいくのであって、渡来人は知らず知らずのうちに縄文的な感性を受け入れていくのである。体や血は次第に渡来人に近づいて行くのに、センスや嗜好は、縄文的になっていくはずなのである。

こうして、朝鮮半島や中国の人々と似ているが、「何かが違う日本人」の原型が産み出されていったのである。

縄文人も倭人である

すでに述べたように、鳥越憲三郎は「越人＝倭族」の集団が日本列島に到来し、弥生時代が始まったと考える。そして、そのあと、日本列島の住民は「倭人」と呼ばれるようになったという。しかし、すでに縄文人が「倭人」と呼ばれていた可能性は高い。
縄文人は勇敢に海を渡り、広域にわたるネットワークを構築していた。荒海に乗り出し、神津島《こうづしま》から黒曜石《こくようせき》を持ち帰り、さらに黒潮の急流（七ノット。約一三km／h）をものともせず横断し、八丈島《はちじょうじま》に到っている。縄文人たちは当初魚を求めて海を彷徨し、次第に他地域に足を運ぶようになったと思われる。

縄文人は日本海も自由に往き来していたようで、朝鮮半島南端の釜山《プサン》市影島《えいとう》区の東三洞《とうさんどう》貝塚《かいづか》から、縄文後期の縄文土器が出土している。九州から運ばれたものと考えられている。また、西北九州（佐賀県腰岳《こしだけ》）で採取された黒曜石も見つかっている。

中国でも、縄文人がもたらしたと思われる遺物が発見されている。縄文人は闊達に大海原を駆け巡っていたのである。

「対馬は自国領」と、韓国では喧伝されているらしいが、縄文時代、すでに対馬には縄文的な文化が伝わっていた。だいたい、農業をするにも平地がない対馬で生きて行くには、「魏志倭人伝」の言うように「南北市糴《なんぼくしてき》」しなければならず、海の民でないと、暮らせない場所だった。縄文人と言えば、獲物を求めて野山を駆け巡るイメージが強烈に焼き付いているが、もうひとつの顔は、「東アジアを代表する海の民」だった。この縄文人の活躍は、中国大陸の人々に、広く知れ渡っていたに違いないのである。

森浩一は『日本の古代1　倭人の登場』（中央公論社）の中で、次のように述べる。

倭人は弥生人をさすという或る種の常識ができているが、縄文後・晩期の人びとをも、中国人は倭人とよびだしたとみることは、先ほどからの縄文人の海での活躍をたどると、むしろ当然のこととしてよかろう。

こう指摘する森浩一は、『論衡』に登場する倭人を、日本列島の縄文人とみなす。縄文人は東アジアを代表する海の民として、名を轟かせていたようなのだ。中国側からみた「倭人」の印象で共通しているのは、「航海と漁撈に長けた海の民」であり、水人であった。

金関丈夫は『ゼミナール日本古代史　上』（光文社）の中で、現存中国最古の地理書『山海経《せんがいきょう》』にある次の一節「東海之内、北海之隅、有国、名曰朝鮮天毒、其人水居、偎人愛人」の「水居の人」を「漁撈民」と考え、「偎人」の「偎」と「倭」の発音が似ていることから、「倭人」とみなした。つまり、かなり古い時代から、中国では、日本列島の住人を、「水居の人」と考えていた可能性は高いのである。

倭人は優秀な漁撈民

「魏志倭人伝」には、倭人の習俗が描かれているが、やはり、海人の性格が濃厚だ。たとえば、対馬国の記事には、「土地は山が険しく、森が深い。道は獣道のようだ。良田《い》はなく、海産物を食し自活し、船を駆って南北に市糴《してき》（交易）をしている」とある。一支国《きこく》（壱岐）でも、「南北市糴」とあり、本土に渡ってからの末盧国《まつら》について、「草木が生い茂り、歩いていても、前の人間が見えないほどだ。魚や鰒を好み、水深が浅かろうが深かろうが、潜って捕ってくる」と、倭人は対馬から北部九州沿岸部の人間が、海の民であることを伝えている。

『後漢書』には、次のような記事が載る。西暦一七八年、東北アジアの鮮卑《せんぴ》族の部族長・檀石槐《だんせきかい》は勢い盛んだったが、人口増による食糧不足に苦しめられていた。烏侯秦水《うこうしんすい》（遼河の支流の湖）に至り、魚は泳いでいるのに捕るすべを知らなかった。すると倭人が魚を網で捕ると聞き、東方の倭人国を討ち、千余家の人々を捕らえ、秦水のほとりに住まわせ、魚を捕らせたとある。ちなみに、これはちょうど「倭国の乱」の時代で、卑《ひ》弥呼《みこ》擁立直前の話である。

それはともかく、倭人が優秀な漁撈民であったことは、鮮卑族でも知っていたことがわかる。ただし、のちに触れるように、ここに登場する「倭人」は、朝鮮半島に住んでいた倭人だったという説もある。つまり、海の民としての倭人は、各地に拡散していた、ということになろうか。

これらの例をみればわかるとおり、倭人は、東アジアでも有数な海の民であった。そして、この属性は、縄文時代から継承されてきたものだ。縄文人たちも方々に出かけていっては、文物の交流をしていた。これは物証が明らかにしている。また、物だけが往き来するのではなく、人が移動し、血と血は混じっていったに違いない。縄文人が中国に渡っていくだけではなく、中国南部の人々が、朝鮮半島や日本列島にもやってくることもあっただろう。徐福《じょふく》伝説を、荒唐無稽と無視するつもりは、さらさらない。

また、「縄文人」という固定された民族など、どこにもいなかったのであって、国境のなかった時代、多くの人々が海を渡り、交流し、血縁関係を結んだと思われる。われわれが想像する以上に、東アジアは狭く、情報は行き交っていたと思われる。当然大陸の人々は、大海原を飛び回る縄文人たちを、「彼らはどこそこから来た、○○人だ」と認識していただろう。そして、縄文時代から日本列島の住民を「倭人」と呼んでいた可能性は、非常に高いのである。

もちろん、「倭」と「越」が同音であることに、意味がないと言っているのではない。中国南部と日本列島は、琉球《りゅうきゅう》諸島を伝えば、比較的安全に航海できた。だからこそ、縄文時代から両者の間に深い交流があって、習俗も似ていたのだろう。越人も倭人も、どちらも文身（入墨）をするという共通項をもつ。それを漢族もよく知っていたため、同じように「ｗｏ」と呼んでいたのではなかろうか。

倭人は至るところに住んでいたのか

なぜ「倭人」にこだわるのかというと、日本列島だけではなく、朝鮮半島南部にも倭人が住んでいたと思われるからである。新羅《しらぎ》や伽耶《かや》の地域だ。

「魏志倭人伝」には、大きな謎がある。邪馬台国《やまたいこく》の位置の話ではなく、「国の数」が合わないのだ。

冒頭、「倭人は帯方《たいほう》の東南大海の中にあり、山島に依りて国邑《こくゆう》をなす」とあり、続けて、倭国には、もと百余の国々があって、漢の時代に朝献する者がいた。今、使役を通じるところは三十国、とある。そして、帯方郡《たいほうぐん》から倭国の女王の住む邪馬台国にいたる行程が示される。海岸にしたがって水行し、韓国を経て、南に東に進み、その北岸狗邪《くや》韓国《かんこく》にいたる七千余里。はじめて海を渡り千余里行くと、対馬国に着く……。今日の国境で言うと、対馬国とその先が日本だ。

　そして、北部九州を経て、邪馬台国にいたったあと、「次に斯馬国あり」と続き、国名を列挙し、最後に奴国《なこく》を挙げ、「これ女王の境界の尽くる所なり」とする。

　謎めくのは、道程説明で登場する対馬から奴国までの国の数が二十九で、「倭国は三十の国からなる」という「魏志倭人伝」の説明がウソになってしまうことなのである。

　そこで、「朝鮮半島の狗邪韓国から数えはじめれば、ちょうど三十になる」という推理が登場する。

『魏志東夷伝《ぎしとういでん》』韓の条には、「韓は帯方の南、東西は海を以って限りとなし、南は倭と接す」とある。『後漢書』は、「其西北界拘邪韓国《くやかんこく》（狗邪韓国）」といい、やはり狗邪韓国が倭国の北限といい、「百済《くだら》は南の倭に接している」とする。『三国遺事《さんごくいじ》』も、「新羅は北方で靺鞨《まっかつ》につながり、南側は倭人と接する」と記録する。また『新羅本紀《しらぎほんぎ》』は、西暦一九三年に「倭人が飢餓に苦しめられ、千余人が新羅にやってきて、食料を求めた」と記録する。この一節、千余人が、船を駆って朝鮮半島に押し寄せたとは考えられず、陸続きのどこかから、民が押し寄せてきたのではないかと疑われている。

文献史料を見る限り、倭国は馬韓《ばかん》（のちの百済）や新羅と陸続きの国であった印象を受けるのである。

上田正昭《うえだまさあき》は『倭国の世界』（講談社現代新書）の中で、倭とか倭人を、ことごとく日本列島ないし列島内の種族としがたい例は、いくつもあると指摘する。このように、朝鮮半島最南端が倭国の一部であったことがある、という推理は、意外に広く支持を集めている。

ところで、『山海経』の次の一節、

蓋国在鉅燕南倭北倭属燕

は、古くから「蓋国は鉅燕に在り、南倭・北倭は燕に属す」と読まれ、問題視されてきた。

「蓋国」は、朝鮮半島北部のあたりに存在したと思われる。また「燕」は、北京《ペキン》付近に都を置き、周、春秋戦国時代に栄えた古代王朝だ。その燕に、「南倭」と「北倭」が属していたという。そして、南北ふたつの「倭」は、日本列島の中に存在したと考えるのが平安時代以来常識となってきた。

これに対し内藤湖南《ないとうこなん》は件の一節を、「蓋国は鉅に在り、燕の南、倭の北、倭は燕に属す」と読み直し、現在でもこう読まれる。そうなると、倭は燕の近くに位置することになり、地理観が間違っているのだから、といい、内藤湖南は『山海経』を偽書とみなした。

なぜこのような話をもちだしたかというと、「倭」をめぐる記事が、中国には数多く登場すること、それぞれの「倭」が何をさすのか、特定することがむずかしいという事実を、まず知っておいて欲しいからである。

新羅と倭国は陸続きだった？

井上秀雄《いのうえひでお》は『任那日本府と倭』（寧楽社）の中で、件の記事を「鉅燕の南、倭の北に在り」と読み、平安時代に語られたように、日本列島に南北の倭が存在したという意味ではなく、「倭」は、日本列島だけではなく、遠く離れた場所に、もうひとつ存在したのではないかと指摘している。少なくとも、漢代の中国の知識人は、漠然と「倭人は遼西の北に住んでいる」と考えていた可能性が高いと、推理した。

紀元前三世紀頃編まれた『山海経』は、そもそもあてにならないとする内藤湖南の指摘や、中国の知識人たちの「東夷の地理観」が、時代ごとに揺らいでいることは、井上秀雄も認めている。だから、遼西の北側に倭人の国があったかどうかについて、速断する必要はないだろう。『山海経』に現れる「倭」は、井上秀雄が想定するような中国大陸の地域ではなく、朝鮮半島にあった「倭」だろうとする考えもある（大和岩雄『秦氏の研究』大和書房）。

ここで言えることは、日本列島だけが倭人の住処ではなかった可能性が高い、ということである。たとえば『後漢書』東夷伝《とういでん》には、建武中元二年《けんむちゆうげん》（五七）、倭奴国《わのなこく》が朝貢してきたが、倭奴国は倭の一番南の端の国だ、と記されている。九州島の最北端に位置する倭奴国（福岡県福岡市）なのだから、「倭国の最南端」ということは、朝鮮半島に倭国が存在していたと、認識されていたことになる。

井上秀雄は、『魏志』の記事から、中国の倭人観が、大きく変わったという。倭が日本列島だけではなく、朝鮮半島南部にもいたことを、知るようになったという。たとえば、「韓は南側で倭に接する」と言い、「弁辰（のちの伽耶）」は倭と境を接していると言う。また男女の風俗は倭に近く、文身していると言う。倭人伝では、狗邪韓国を「倭の北岸」と表現している。『後漢書』東夷伝も、馬韓の南と弁辰は、「倭に近いので文身している」と記す。

さらに、『三国遺事』には、新羅は南で倭人と接しているといい、倭人や倭軍は、しばしば新羅に攻め寄せたとある。これらの記事から、井上秀雄は、海を渡ってくることもあったろうが、陸続きとみなすべきであること、百済では古くは加羅《から》地方を倭と呼んでいたことから、朝鮮半島最南端沿岸地帯に、倭人は住んでいたこと、『新羅本紀』の中で、「倭人が新羅に攻め入った」とある「倭人」は朝鮮半島最南端に暮らす人々で、日本列島の「倭国」と同一視することはできないと指摘したのである。

朝鮮半島に確かに倭人はいた

もちろん、反論もある。佐伯有清《さえきありきよ》は『三国史記倭人伝　他六篇　朝鮮正史日本伝1』（岩波文庫）の中で、『新羅本紀』の次の記事に注目する。儒礼尼師今《じゅれいにしきん》十二年（二九五）春、王が臣下に向かい、倭人がしばしば攻めてくるため、百姓《おおみたから》が安心して暮らせないこと、だから、百済と手を組み、倭人を攻め返そうと考えていることを伝えた。この時「海に浮かび、入りて其の国を撃たんと欲す」とある。すなわち、「海に浮かぶ」「其の国」とあることから、「倭人」は「倭国＝日本列島からやってきた人びと」だとして、次のように述べる。

倭人・倭兵は、倭国の人や兵のことであって、倭国は、のちの日本とみなして、なんら差し支えないと考える。（前掲書）

しかし、先述した、「倭人が飢えて、千余人がおしかけてきた」という記事は無視できない。これは、対馬国の倭人ではない。もともと対馬では、農耕ができないからだ。すると、北部九州の人間が、わざわざ船団を組んで新羅に渡っていったことになるが、これはあまり現実的ではない。

これらの例を踏まえ、大和岩雄は『秦氏の研究』の中で、次のように述べる。

私は、朝鮮半島の倭人の本拠地は、日本列島の倭人の船の碇泊地になる海岸地帯で、その本拠地で半島と列島の倭人は合流し、新羅の東海岸から慶州《けいしゅう》に侵入したり、根拠地から地つづきに侵攻したのが、『三国史記』の倭人・倭兵記事と推測する

ただし、大和岩雄は、伽耶の人々がそのまま倭人だとか、南部朝鮮が倭国だった、といっているのではない。倭人の居留地が、伽耶地方に存在したのではないか、と推測している。

伽耶は古代有数の鉄の産地で、各地から人が集まっていた。たとえば『魏志東夷伝』には、次のような記事が載る。

国は鉄を出す。韓、濊《わい》、倭、皆従て之を取る。諸市買うに皆鉄を用う。又、以て二郡に供給す

また、『後漢書』東夷伝にも、よく似た記述がある。

国は鉄を出す。濊、倭、馬韓、並び従て之を市す。凡そ諸貿易、皆鉄を以て貨と為す

井上秀雄は、この記事に登場する「倭」こそ、朝鮮半島南部に暮らす倭人だったといい、次のように述べる。

膨大な量の砂鉄や鉄鉱石、あるいは精錬された鉄をわざわざ日本列島まで輸送する手段があったのであろうか。この記事ではむしろ通貨として広く韓・濊・倭の諸族が使用したことを強調しており、対馬のような特殊な例を除けば、陸続きの交易圏を考えるのが順当であろう。（前掲書）

通貨と経済圏という発想は、斬新で興味深い。たしかに、時代背景的に、日本列島内で貨幣が流通していたかというと、実に心許ない。

森浩一は、『隋書《ずいしょ》』東夷伝の百済の条に、「百済には新羅人、高句麗人、倭人をまじえ、中国人もいる」という記事を紹介し、次のように述べる。

ある地域での住民構成を同一民族だけであろうとする推定は、時としてそうあるべきだとする漠然とした理想とオーバーラップして、歴史理解をくもらせることがある。（前掲書）

まさにその通りだ。森浩一は話をオブラートにくるんでいるが、朝鮮半島に倭人がいたという話は、「文化も文明も、すべて中国や朝鮮半島からもたらされた」という、戦後の奇妙な常識が、推理の邪魔をしているのではなかろうか。これは、天皇家が万世一系であるわけがない、という戦後史学界の「イデオロギー」先行型の発想とよく似ているのである。

三世紀の朝鮮半島南部になだれ込んだ倭軍

三世紀の朝鮮半島南部に、倭人の軍勢が押しかけていたことは、二つの異なる文書の証言から、明らかだ。

まずひとつは、『日本書紀《にほんしょき》』である。

『日本書紀』仲哀《ちゅうあい》天皇九年十二月条（神功皇后摂政前紀《じんぐうこうごうせっしょうぜんき》）の新羅征討の異伝（一《ある》に云はく）の中の話で、次のような内容である。

新羅王を虜にして海辺に連れていき、王の膝の筋を抜き、歩けないようにして、石の上に腹ばいにさせ、しばらくして斬り殺し、砂の中に埋めた。新羅宰《しらぎのみこともち》（現地指揮官）を一人残し、神功皇后らは引き上げた。その後、新羅王の妻が夫の屍の埋めた場所がわからないため、新羅宰を誘惑して聞き出そうと考えた。そこで、新羅宰に頼み、「あなたが王を埋めた場所を教えてくれれば、敦く報いましょう。また、あなたの妻になりましょう」という。新羅宰はこの言葉を信じ、屍を埋めた場所を教えてしまった。王の妻は国人とともに謀り、新羅宰を殺し、王の屍を掘り返し、移葬した。そうしておいて、新羅宰の屍を王の墓の土の底に埋め、王の空の柩《ひつぎ》を挙げてその上に乗せ、「尊卑《そんぴ》の秩序は、本来こうあるべきだ」といった。天皇（神功皇后）はこの成り行きを知り、怒り、軍勢を起こし、新羅を滅ぼそうと考えた。軍船は海に満ち、新羅の人々は恐れおののき、なすすべを知らなかった。王の妻を殺し、罪を謝った。

これとよく似た話が、『三国史記』巻四十五、昔于老《せきうろう》伝に残されている。

沾解王《てんかいおう》七年（二五三）、倭国の使者・葛那古《かつなこ》が来朝して滞在していた。于老は接待役を任せられていたが、戯《ざ》れ事《ごと》に「近いうちにあなたの王を塩づくりの奴隷にし、王妃《おうひ》を炊事婦《すいじふ》にしよう」といった。倭王《わおう》はこれを聞き怒り、将軍・于道朱君《うどうしゆくん》を遣わして攻めてきた。于老は倭軍のもとを訪ね「あれは冗談だった」と弁明したが、倭人は答えず、捕まえて焼き殺して去っていった。のちに倭国の大臣がやってきたとき、于老の妻は国王に願い出て、倭国の使節団を自宅に招いて酒宴を設けた。酒に酔ったところで、焼き殺した。倭人は怒り、攻めかけてきたが、勝てずに帰って行った。

利害が敵対する相手が、同じ事件を記録していた。もちろん、互いが「勝ったのはわれわれの方」と、矛盾することをいうが、証言がすれ違っているからこそ、記事の信憑性は増している。三世紀後半に倭人が朝鮮半島南部に攻め入っていたことは、間違いない。すると、神功皇后説話も、「下らない創作にすぎない」とうち捨てておくわけにはいかなくなる。

そして、今話した、神功皇后摂政前紀の新羅との葛藤をめぐる記事によって、神功皇后や応神天皇が、朝鮮半島から北部九州を経由してヤマトに乗り込んだ征服者ではなかったことが、まず確かめられたのである。

秦《はた》氏の祖は誰なのか

倭人が朝鮮半島南部に存在していた可能性が高いのだから、朝鮮半島と密接なつながりをもっていたという理由だけで、渡来系豪族だと、決めつけることはできないことがわかる。まず、この事実を確認した上で、渡来人や帰化人に囲まれた応神天皇の正体を、明かしていこう。

そこでまずご登場願うのは、日本史の裏を知り抜いた豪族で、古代史解明の最後の鍵を握る秦氏である。

八幡信仰《はちまんしんこう》が勃興した地は、宇佐《うさ》と大隅《おおすみ》である。そしてどちらにも、新羅系の渡来人があまた暮らしていた。彼らを代表するのが、秦氏だ。つまり、八幡信仰を支えていたのは「秦王国《しんおうこく》」の住民、秦氏であった。八幡神《はちまんしん》と応神天皇が早い段階でつながっていたのだとすれば、応神天皇と秦氏の関係を、知りたくなる。

　秦氏の祖がいったい誰だったのか、『日本書紀』や『古事記』を読んでもよくわからない。ただ、『新撰姓氏録《しんせんしょうじろく》』によれば、「応神天皇十四年、融通王《ゆうつうおう》（またの名を弓月王《ゆづきのきみ》）が、百二十七県の百姓を率いて帰化した」とあり、これが秦氏の祖だったという。弓月王によく似た弓月君《ゆづきのきみ》の来日記事なら、『日本書紀』に載っている。

『日本書紀』応神天皇十四年是歳《このとしのじょう》条には、弓月君にまつわる次のような記事が載る。

　百済から弓月君が来朝し、「私は、自分の国の百二十県の人夫《おみ》（公の使役に携わる民）を率いて帰化するためにやってこようと考えました。ところが、新羅の人々に足止めを喰らい、みな、加羅国《からのくに》に留まっております」という。そこで葛城襲津彦《かずらきのそつひこ》を遣わし、加羅にいる人夫を招かせようとした。ところが、葛城襲津彦はその後、三年帰ってこなかったという。

『新撰姓氏録』と『日本書紀』の記事から、秦氏の祖は弓月君だった可能性が出てくる。

『古事記』には、応神天皇の御代《みよ》、秦造《はたのみやつこ》の祖と漢直《あやのあたい》の祖、それに新たな醸造技術をもった仁番《にほ》（またの名を須々許理《すすこり》）なる人物が渡来したとある。秦氏も漢《あや》氏も、代表的な渡来人であり、日本に多くの技術と知識をもたらしたが、この記事からは、秦造の祖が誰だったのか、はっきりとしない。

『新撰姓氏録』によれば、秦氏は「秦《しん》の始皇帝《しこうてい》の末裔」だったとある。おそらく、秦氏自身が、そう語り継いできたのだろう。これを「作り話」と一蹴することはできない。

『魏志辰韓伝《ぎししんかんでん》』には、次のような話が載る。辰韓は馬韓の東にある。古老が伝えていうには、辰韓の人々は秦の重税や苦役から逃れ、馬韓の東側を割いて住まわせたといい、秦の人に似ていること、そこで「秦韓」とも呼ばれていたという。ちなみに、「辰韓」がのちに新羅に、「馬韓」は百済となる地域である。

辰韓と馬韓に挟まれていたのが弁韓で、弁辰ともいい、のちの伽耶、加羅となる地域だ。『魏志』弁辰伝は、次のように伝える。弁辰と辰韓の人々は混じって生活し、風俗は似ている。養蚕が得意で、布を織るという。『日本書紀』や『古語拾遺《こごしゅうい》』、『新撰姓氏録』にも同様の記事があり、秦氏とこの地域は、強く結ばれている。つまり、秦氏は朝鮮半島南東部からやってきた可能性が高い。

ではなぜ、秦氏の祖は、多くの民を率いて日本にやってきたのだろう。どうやら、戦乱と混乱から逃れるためだったらしい。

『日本書紀』応神三年の条には、百済の阿花王《あかおう》が即位したといい、これは西暦三九二年のこと。弓月君の渡来はこれから十一年後のことと『日本書紀』はいうから、秦氏の渡来は五世紀初頭の可能性がある。

ちょうど四世紀末から五世紀初頭にかけて、朝鮮半島は動乱の時代を迎えていた。広開土王碑文《こうかいどおうひぶん》と『三国史記』を総合すれば、高句麗と新羅が手を組み、百済を攻撃し、倭国は百済を救援し、出兵をくり返していた。また、四世紀末から五世紀前半にかけて、朝鮮半島南部は、たびたび天候不順に見舞われた。西暦三九七年秋七月に、新羅で日照りが続き、イナゴが大量発生し、凶作となった。新羅の日照りは、三九九、四〇一、四〇六年にくり返される。百済では、四〇二年に日照りに苦しめられ、稲が枯れた。四一七年には、日照りがあって、民は飢えたという。

そのようななかで、三九九年、高句麗侵攻を画策し兵士を徴発した百済から、多くの民が兵役を逃れ、飢餓に苦しむ新羅に流れ込んでいる。また、広開土王碑文によれば、西暦四〇〇年に、高句麗は新羅を後押しし、朝鮮半島南部に満ちてきた倭国軍を破ったという。朝鮮半島南部も倭国も、大混乱に陥っていたのだ。

秦氏の祖が海を渡ってきたのは、ちょうどこの時代のことになる。秦氏だけではなく、多くの帰化人、渡来人が応神天皇の時代に海を渡ってきたと記録されるのは、背景に朝鮮半島南部の疲弊と混乱という事実があったからだろう。

秦氏の渡来はいつなのか

ところで、秦氏や漢氏がいつごろ来日したのかというと、確定しているわけではない。四世紀末から五世紀末までいくつかの説があり、考古学的には、五世紀初頭ごろと考えられている。列島内に朝鮮半島系の遺物が増えているからだ。須恵器《すえき》が出現するのも、五世紀初頭だから、朝鮮半島の動乱と天候不順の時期と渡来や帰化の波は、重なっていたと思われる。

ただし、秦氏の場合、そう単純に決めつけられない。たとえば大和岩雄は、秦氏は新羅とのつながりが深いのに、『日本書紀』には、弓月君が百済からやってきたと記すことに疑問を抱いた。『日本書紀』編纂《へんさん》当時、日本は百済寄りだったために、秦氏は新羅系であったのに百済系にすり替えたのではないかとする説もある。しかし、大和岩雄は、歴史記述を変える力があったのなら、なぜ弓月君渡来説話の中で、「秦」の名が出てこなかったのか、説明がつかないという。

そこで大和岩雄は、応神十四年に来日した弓月君は秦氏ではなく、応神十六年に加耶（加羅）から海を渡ってきた「弓月の民（人夫）」が、秦集団だったとするのである（『秦氏の研究』大和書房）。また、秦氏の出身地を朝鮮半島最南端と推理する。己智《こち》氏と物集《もづめ》氏という秦氏に属す氏族がいるが、どちらも釜山近くの島の名に似ているところから、秦の民は伽耶（その中の金海）の人たちで、五世紀前後から六世紀前半に来日したというのだ。

先述したように、辰韓（新羅）と弁辰（伽耶、加羅）の地域の人々は混じり合って生活していたといい、伽耶は六世紀に百済と新羅に領土を奪い取られ、伽耶の大部分は新羅に呑みこまれていた。したがって、秦氏が伽耶（加羅）から来日していたのに、『日本書紀』は「新羅からやってきた」と記すというのである。

大和岩雄の説には、説得力がある。ただし、秦氏の機織《はたおり》の技術は、五世紀以前にもたらされた代物とされている。また平野《ひらの》邦雄《くにお》は「秦《はた》氏の技術はきわめて在地性がつよく、後進的で、宮廷的・都市的な漢《あや》氏の先進技術と対比される」（『帰化人と古代国家』吉川弘文館）と述べる。

七世紀の秦氏は聖徳太子《しょうとくたいし》と蜜月の間柄にあったとされるが、蘇我《そが》氏との関係は破綻していたようだ。筆者は蘇我入鹿《そがのいるか》暗殺の実行犯は秦河勝《はたのかわかつ》と推理するが、先進の技術を駆使して中央政権に食い込んだ漢氏（東漢《やまとのあや》氏ら）に対する嫉妬が、秦氏を突き動かしたと考えられる。

そうなると、秦氏の渡来は、かなり古い段階としてよさそうである。

秦氏と波多氏をつなぐのは葛城氏

秦氏はいわば古参の帰化人で、だからこそ、日本文化のあらゆる分野に影響を及ぼしたのだろう。筆者は「応神天皇はヤマト建国前後の人物」とみなすが、秦氏の渡来も、相当古かったのではあるまいか。

ところで『日本書紀』によれば、応神十六年八月、葛城襲津彦が弓月の民とともに帰国したといい、この弓月の民こそ、秦氏の祖だったと大和岩雄は推理した。葛城襲津彦は、葛城臣の祖である。

秦氏の祖・弓月の民は五世紀に渡海したのかもしれないが、すでにヤマト建国前後から、日本海を往き来していたのではあるまいか。

そう感じるのは、「弓月の民を日本に連れてきたのが葛城襲津彦」と『日本書紀』はいい、「葛城」が、現実に「ハタ（秦・波多）」と奇妙な縁でつながっていくこと、そしてこれから述べていくように、筆者は、葛城襲津彦が活躍した時代は、三世紀から四世紀にかけてのことではないかと疑っているからである。

『古事記』によれば、葛城氏の祖は建内宿禰《たけのうちのすくね》（武内宿禰《たけのうちのすくね》）で、また建内宿禰後裔氏族の中に、蘇我氏や波多氏がいる。問題はこの「波多」で、「秦」と同じ「ハタ」である。

建内宿禰の子の波多八代宿禰《はたのやしろのすくね》は波多臣《はたのおみ》の祖で、やはり建内宿禰の子の蘇賀石河宿禰《そがのいしかわのすくね》は蘇我臣の祖になる。また、葛城氏の祖は、やはり建内宿禰の子の葛城之曾都毘古《かずらきのそつびこ》（葛城《かずらき》長江曾都毘古《のながえのそつびこ》）である。

『先代旧事本紀《せんだいくじほんぎ》』には、武養蚕命《たけこがいのみこと》が波多臣の祖と出てくるから、波多臣は養蚕とかかわりが深かったようだ。秦氏と波多臣はどちらも「養蚕が得意なハタ」だから、そっくりだ。当然、秦氏と波多臣は同族とする説がある。

波多臣の本貫地は大和国高市《たかいち》郡波多郷で、現在の高市郡高取町市尾《たかとりちょういちお》とする説が有力だ。この地域を流れる曾我川《そががわ》の対岸が、秦氏と縁の深い地域・腋上《わきがみ》であった。

『新撰姓氏録』の山城国諸蕃《やましろのくにしょばん》の秦忌寸《はたのいみき》条には、応神天皇の十四年に、功智王と弓月王が来朝し、百二十七県の民を携えて帰化したといい、天皇は大和の朝津《あさつ》間《ま》の腋上の地を下《か》賜《し》して住まわせた、とある。腋上一帯は、秦氏の分布域だったのであり、これに寄り添うように波多臣が拠点を造った。

それにしても、なぜ武内宿禰の末裔である波多氏が、秦氏といくつもの共通点を持ち、すぐ近くに居住し、しかも系譜が重なってきてしまうのだろう。

蘇我氏同族の葛城臣も、秦氏とは強く結ばれている。七世紀の蘇我系皇族・聖徳太子も、秦氏を重用した。蘇我氏同族の紀氏《きの》も、朝鮮半島とつながっていた。どうやら蘇我氏と秦氏は、想像以上に近しい関係にあったようだ。

ならば、蘇我氏の祖・武内宿禰も、門脇禎二《かどわきていじ》が推理するように、朝鮮半島からやってきた渡来人なのだろうか。応神天皇や神功皇后の忠臣が武内宿禰なのだから、応神天皇や神功皇后と新羅を結んでいたのは、秦氏だけではなく、武内宿禰や葛城氏だったのだろうか。

だから、葛城氏について、もっと知っておく必要がある。

まず注目すべきは、葛城襲津彦は秦氏の祖と強くつながっていたことだ。「弓月の民」を朝鮮半島から日本に連れてきたのが、葛城襲津彦だった。

そこで、葛城襲津彦の活躍を、『日本書紀』の記事から拾ってみよう。

神功皇后摂政紀五年春三月というから、神功皇后や応神は、すでに新羅征討を終え、ヤマトの政敵を打ち倒してしまったあとの話だ。『日本書紀』には、次のようにある。

新羅王が使者を遣わし朝貢してきた。このとき新羅王は、人質として日本に送り付けていた微叱許智《みしこち》を取り戻そうと考えていた。そこで、微叱許智に頼み、欺かせた。微叱許智は、「使者が私に告げて言うには、『わが王は、長い間私が帰ってこないために、妻子を没収して官奴《つかさやつこ》にしてしまった』と言います。願わくは、新羅に戻り、確かめて、ご報告申し上げたく思います」と申し出た。そこで皇太后《こうたいごう》（神功皇后）は許し、葛城襲津彦を副えて遣わしたのだった。

一行はともに対馬にいたった。すると新羅の使者は、密かに船と水手を分けて、微叱許智を新羅に逃し、茅《かや》で人形を造り、微叱許智のいた場所に置き、病と偽り、葛城襲津彦に「微叱許智は、重篤です」と告げた。葛城襲津彦が人を遣わしてお見舞いをしたところ、欺かれたことが判明した。そこで新羅の使者三人を捕らえ、檻に押し込め、火を放って殺した。その足で新羅に至り、蹈鞴津《たたらのつ》（釜山の南側）に泊まり、草羅城《さわらのさし》（慶尚南道《どう》梁山）を落とし、帰ってきた。この時の俘人《とりこ》らは、今の桑原《くわばら》、佐糜《さび》、高宮《たかみや》、忍海《おしぬみ》の四つの邑（奈良県御所《ごせ》市と周辺）の漢人《あやひと》らの始祖であったという。

これが葛城襲津彦の最初の活躍である。

朝鮮半島で活躍する葛城襲津彦

次に葛城襲津彦が登場するのは、神功皇后摂政紀六十二年即年の条だ。この年、新羅が朝貢を怠ったため、葛城襲津彦を遣わして新羅を討ったという。記事はこれで終わるが、「百済記《くだらき》に云《い》はく」として、次のような別伝が載る。

壬午の年に、新羅は貴国《きこく》（倭国）に貢物《みつぎもの》をしなかった。そこで貴国は沙至比跪《さちひく》（葛城襲津彦と思われる）を遣わして討たせた。新羅人は美女ふたりを飾り立て、津（港）

に出迎え、誘惑した。するとその美女を我が物にして襲津彦は反転し、加羅国（新羅の西隣）を伐った。加羅国の王と子供たちは、民を率いて百済に逃げると、百済は彼らを厚遇した。加羅国の王の妹・既殿至《きでんち》は大倭《やまと》に出向き、次のように申し上げた。「天皇は沙至比跪を遣わされ、新羅を討たせました。しかし、沙至比跪は新羅の美女に目が眩み、討つことをせず、反転してわが国を滅ぼし、兄弟や民はさすらいました。悲しくてたまりません。そこでこうしてご報告申し上げたのです」。すると天皇は大いに怒られ、木《も》羅《ら》斤資《こんし》を遣わし、兵を率いて加羅に来集させ、国を復旧させた。

さらにこのあとに、「一に云はく」と、次のような別伝を載せる。

沙至比跪は天皇の怒りを知り、あえて公然と帰ってこなかった。帰国後も隠れていた。その妹が宮に仕えることがあった。沙至比跪は密かに使いを遣わし、天皇の怒りが解けるかどうか尋ねた。妹は夢に託し、「昨夜、沙至比跪の夢をみました」と申し上げると、天皇は大いに怒った。その様子を報告すると、沙至比跪は許されないことを知って、岩穴に入って亡くなった。

『百済本記《くだらほんき》』の沙至比跪は、非常に情けない男だ。色香に惑わされ、新羅征討をあっさりあきらめ、加羅を討ってしまったのは、魔が差したとしかいいようがない。こそこそと生き延び、天皇の許しが得られないとみるや、隠れるように死んでしまったのである。ただし、『日本書紀』の中で葛城襲津彦は、こののちもう一度活躍する。それが、すでに一度触れた応神天皇十四年の弓月君来日説話だ。あの続きは次のようなものだ。

応神十六年八月、平群木菟《へぐりのつくの》宿禰《すくね》と的戸田宿禰《いくはのとだのすくね》を加羅に遣わした。精鋭を授け、詔して「葛城襲津彦が久しく帰ってこない。きっと新羅が妨げているのだろう。すみやかに駆けつけ新羅を討ち、道を開け」と命じた。ここに、木菟宿禰《つくのすくね》らは精兵を進め、新羅の境に進出した。新羅王は怖じ気付き、罪に服した。こうして弓月の人夫を率いて、葛城襲津彦とともに帰還した。

もうひとつ、時代は少し下って葛城襲津彦が登場する記事がある。

仁徳四十一年春三月、紀角宿禰《きのつのすくね》を百済に遣わし、はじめて国と郡の境を定めて、つぶさに土地の産物を記録した。この時、百済王の親族酒君《さけのきみ》が無礼を働いた。このため紀角宿禰は百済王を責めた。百済王はかしこまり、鉄の鎖で酒君を縛り、葛城襲津彦を副えて進上した。こうして酒君は来朝し、石川錦織首許呂《いしかわのにしこりのおびところ》斯《し》（河内国石川《かわちのくにいしかわ》郡の人で、百済系の渡来人）の家に逃げ込み、欺いて「天皇はすでに私の罪を許されました。ですから、あなたを頼ってきました」と述べた。ややあって、天皇はその罪を許した。

これらが、葛城襲津彦の活躍の全貌である。

天皇を蔑《ないがし》ろにするほどの力をもった葛城氏とは何者なのか

不思議なことに、葛城襲津彦は朝鮮半島から王族や民を引き連れてきたという話だけに登場する。しかも謎めくのは、葛城襲津彦は天皇の命を受けて朝鮮半島に渡っているが、ことごとく天皇の命令に応えていなかったことなのだ。新羅を攻めるはずだったのに、美女に目が眩み、加羅を討って顰蹙《ひんしゅく》を買っている。

また、特徴的なのは、朝鮮半島から人をこちらに連れてくるという属性があることだ。仁徳四十一年の記事は、唐突に葛城襲津彦が現れ、酒君の来日にかかわりをもってきていた。

大和岩雄は、これらの記事から、葛城襲津彦が通説の言うような単純な将軍ではないと指摘し、次のように述べる。

襲津彦伝承の性格は、当時の東アジアの国際関係の中で、葛城臣が特に半島と深いつながりをもっていたからであろう。したがって、半島から列島へ渡来する人々が、葛城臣の仲介を必要としたため、葛城臣の祖の襲津彦伝承に、そのことが反映しているのだろう。(『秦氏の研究』大和書房)

ではなぜ、葛城臣は朝鮮半島と強くつながっていたのだろう。そもそも葛城臣とは何者なのか。

葛城氏が朝鮮半島とあまりにも強く結びついていたため、「葛城氏は渡来人だった」とする考えもある（本位田菊士《ほんいでんきくし》『日本古代国家形成過程の研究』「建内宿禰伝承の成立と背景」名著出版、等。ただし、本位田菊士は、その後考えを変えている。のちに詳述）。すでに述べたように、門脇禎二は蘇我氏を百済系渡来人と推理している。したがって、秦氏と接点を持ち、渡来人に囲まれた葛城臣を渡来系と疑ってかかるのも、自然の流れなのかもしれない。

それでは、葛城氏の正体を明らかにすることは可能なのだろうか。

井上光貞《いのうえみつさだ》は『日本古代国家の研究』（岩波書店）の中で、葛城氏について、皇族を除いて史上に実在が確かめられる最初の氏族と指摘し、さらに、葛城地方を支配する巨大な豪族であること、四世紀末に外交交渉の指導的立場にあったこと、五世紀には天皇家の外戚《がいせき》となって勢力を拡大し、天皇を蔑《ないがし》ろにするほどの力をもっていた、と述べる。

神功皇后を通じて日本海につながっていた「葛城」

不思議なことに、「葛城」は系譜の上で神功皇后とつながっていて、しかも「葛城」は、神功皇后を通じて日本海とつながっている。ここに、「葛城」の正体や、「葛城氏と秦氏の関係」を知るための、ヒントが隠されている。

『古事記』によれば、息長帯日売命《おきながたらしひめのみこと》（神功皇后）の父は息長宿禰王《おきながのすくねのおおきみ》で、母は葛城高額比売命《かずらきのたかぬかひめのみこと》、曾祖母は当麻《たぎま》の咩斐《めひ》だという。さらに祖を遡っていくと、天之日矛《あめのひぼこ》に行き着く。

ちなみに、曾祖母の名にある「当麻」は、葛城北部の地名であり、神功皇后の血脈に、ふたつの「葛城」が重なっていることがわかる。

「葛城」と神功皇后は、地域性でもつながってくる。

門脇禎二は『葛城と古代国家』の中で、初期の葛城の首長周辺の血縁関係に注目し、奈良盆地東南部の倭国の王族と但馬の首長一族（アメノヒボコの末裔）、ふたつのグループと婚姻関係を結んでいたと指摘した。

さらに、葛城の地名を負った「葛城垂見宿禰《たるみのすくね》」に注目している。葛城垂見宿禰は葛城氏との間に血縁関係を見出すことができないが、葛城を地盤にした人物で、しかも「垂見」と関係していたのではないか、というのだ。門脇禎二は「垂見」を、兵庫県神戸《こうべ》市垂水《たるみ》のことと言い、葛城の勢力が、河内から垂見を通じて、日本海側と手を組んでいたのではないか、と推理するのである。

また、倭国（三輪）の王家と葛城の王家は、当初支配と従属の関係にはなかったといい、倭国の王家は北に勢力を伸ばし、丹波王国と同盟していたと推理した。かたや葛城の王家は、河内から垂見（垂水）を抜けて、丹波の西側の但馬の勢力と通じていた、というのである。

すでに触れたように、神功皇后はアメノヒボコの末裔だったと『古事記』はいい、そのアメノヒボコは但馬の出石《いずし》に拠点を構えたのだから、葛城と但馬のつながりは無視できない。

また、神功皇后が葛城とつながる要因は、もうひとつある。神功皇后に付き添い、補佐したのは建内宿禰（武内宿禰）で、建内宿禰の子が葛城襲津彦なのだから、神功皇后と「葛城」に接点があるのは、自然なのである。

ただし門脇禎二は建内宿禰について、「葛城氏のほか許勢《こせ》（巨勢《こせ》）氏、蘇我《そが》氏、平群《へぐり》氏ら八氏の共同祖として創出された人物」とみなし、「葛城氏の祖は建内宿禰」という『古事記』の系譜を否定している。また建内宿禰を実在の人物とみなない。これは、門脇禎二独自の考えというよりも、史学界一般の考えといっていい。

しかしのちに触れるように、葛城襲津彦を「ヤマト建国時に実在した人物」あるいは、「建内宿禰そのもの」とみなせば、多くの謎が解けてくる。

葛城襲津彦は朝鮮半島南部の倭人の長か？

一方先述の大和岩雄は、葛城襲津彦について、次に挙げる要素を勘案し、朝鮮半島と特別な関係にあったと推理している（『秦氏の研究』大和書房）。

（1）葛城襲津彦の伝承は、朝鮮半島との関係のみ。また、建内宿禰の後裔氏族はそろいもそろって、朝鮮半島と深くかかわっている。それはなぜかと言えば、現実に朝鮮半島と深くつながり、だからこそ、建内宿禰と葛城襲津彦の系譜は結びついたのだろうとする。

（2）葛城襲津彦が新羅の草羅城を攻め、「俘人」を連れてきたという『日本書紀』の説話と『三国史記』の倭人記事はよく似ている。そして、『三国史記』の記事から察するに、葛城襲津彦が新羅と陸続きの場所に住んでいた可能性を高める。

（3）仁徳天皇の皇后・磐之媛《いわのひめ》が住んだ筒城宮《つつきのみや》は、渡来した韓人《からひと》の家だったと『古事記』は記録する。

これらの例を挙げたうえで、大和岩雄は、葛城襲津彦は「朝鮮半島南部の倭人集団の長」だったのではないかと推理した。

これらの推論に対し門脇禎二は、次のように反論する。

（1）『古事記』や『日本書紀』は、葛城襲津彦のすべての事蹟を記録しているわけではないのだから、朝鮮半島との関係のみ記しているからといって、葛城襲津彦が朝鮮半島の人と決めつけることはできない。

（2）可能性は否定できないが、『三国史記』に描かれた「新羅を攻める倭人」が朝鮮半島南部に暮らしていたことを前提にしなければならない。

（3）ひとつの傍証とはなるが、ほかにいくらでも解釈が可能。

そして門脇禎二は、葛城襲津彦を、「葛城の在地の首長の伝承化されたもの」と捉える。

門脇禎二の指摘も、一理ある。たしかに、葛城襲津彦が朝鮮半島南部の倭人の王であったかどうか、確かめるすべはない。ただ一方で、葛城襲津彦が朝鮮半島と強くつながっていたことは、否定しようがない。

それよりも、さらに問題なのは、葛城襲津彦の「不敵で不逞な態度」ではなかろうか。葛城襲津彦は、なぜか天皇の命令に従わず、独自の行動を貫いている。これは、解せない。

『日本書紀』の視点は「こちら側」「ヤマト側」からのものだから葛城襲津彦の好き勝手は、反抗的に見えてしまう。だが、葛城襲津彦にすれば、「ヤマトの指示は強制的で身勝手」と感じていたかもしれない。

そして、朝鮮半島と強く結ばれた葛城襲津彦が、かの地で好き勝手をしていたとする『日本書紀』の記事を信じるならば、大和岩雄がいうように、葛城襲津彦が実質的な「倭人集団の長」であっても、大きな間違いではないはずだ。

すると、謎めく葛城氏の正体は、「渡来系」、「在地系」、「朝鮮半島南部の倭人の長」のどれか、ということになりそうだ。

この葛城氏の姿、どこか応神天皇に似ているのではあるまいか。すなわち、応神天皇や母の神功皇后の身辺には、なぜか朝鮮半島系の人脈がつきまとい、葛城氏をめぐる三つの仮説が、そのまま応神天皇にも当てはまってしまう。「辛国《からくに》の城《き》に始めて八流《やつながれ》の幡《はた》を天降して、吾《われ》は日本の神となれり」と伝えられた謎だらけの八幡神の姿が、再び目の前に現れるのである。

そこでいよいよ、葛城氏の正体をあぶり出し、応神天皇の秘密に迫らねばならない。

美女の誘惑に負け三年間戻ってこなかった葛城襲津彦の正体

先述した本位田菊士は、当初葛城襲津彦を渡来系と指摘していたが、次第に考えを変え、襲津彦が「襲《そ》の男」で、南部九州の在地性が強いといい、「ソツヒコの原像は、単に大和政権の将軍として朝鮮経略に従事したのではなくその全権をにない、また九州全域の首長権を代表する王クラスの人物であったのであろう」といい、「海賊の首領と考えるのが最も妥当といえよう」と指摘する（『日本書紀研究　第十七冊』横田健一編　塙書房）。

興味深い指摘で、筆者も葛城襲津彦は南部九州と大いにかかわりがあると思うのだが、その根拠については、このあと述べることにする。ただ、本位田菊士は通説通り、葛城襲津彦を五世紀の人物とみなしているところに不満がある。というのも、筆者は葛城襲津彦と神功皇后らの活躍は、似ていると感じるからで、もちろん筆者は、神功皇后を三世紀の女傑とみなしている。

そこで気になるのは、葛城襲津彦が朝鮮半島に出向いて、「美女に誘惑された」「こちらからあちらに行って、三年間帰ってこなかった」という話だ。『日本書紀』や『古事記』の神話の中では、彦火火出見尊《ひこほほでみのみこと》（山幸彦《やまさちひこ》）が海神の宮に赴き、豊玉姫《とよたまひめ》と結ばれ、三年後に日向に戻ってきていた。また浦島太郎《うらしまたろう》も、同様に三年の後、故郷に戻ってくる。

ちなみに浦島太郎は、中世、近世に編み出されたお伽話《とぎばなし》ではない。『風土記《ふどき》』や『万葉集』に登場する、想像以上に古い話で「歴史として描かれている」のである。

そして他の拙著の中で述べたように、浦島太郎と武内宿禰は、強く結ばれている。武内宿禰自身も、「こちらからあちらに行って、あちらからこちらに戻ってきてひどい目に遭った」ひとりであり、この人物が葛城襲津彦と同時代に活躍していることは無視できない。これは、偶然なのだろうか。

また、『日本書紀』仲哀天皇九年十二月の別伝で、新羅宰が新羅王の妻の言葉に乗せられて屍のありかを教えてしまったとあるが、この行動は、美女に目が眩んだという葛城襲津彦によく似ている。

さらに筆者は、武内宿禰を脱解王《だつかいおう》の末裔で、アメノヒボコと推理する（『蘇我氏の正体』新潮文庫）。『三国史記』によれば、脱解王は、倭国の東北の多婆那《たばな》国から朝鮮半島に流れ着き王になった人物と記録されているが、「多婆那国」とは、丹波国《たにわのくに》のこととする説があり、私見もこれを踏襲する。

「脱解は倭国からみて東北の出身」と記されているため、脱解王は列島人ではない、と考えられているが、「魏志倭人伝」のいう「倭国の三十の国」は、ほぼ北部九州に収まっている。それ以前の倭国もそれほど変わりはないとすれば、倭国の東北が丹波であっても、なんら不思議ではない。

戦前戦中、日韓同祖論が唱えられたとき、脱解王が「日本から朝鮮半島に渡った」と喧伝され、利用された。その「猛省」から、「脱解王は日本人」と言い出せないのだろう。

つまり武内宿禰の先祖は多婆那国（丹波国）から鉄を求めて朝鮮半島に渡り、かの地で繁栄を誇り、日本海を股に掛けて活躍したのではないかと推理した。この「こちらからあちらに行って繁栄し、こちらに帰ってきてひどい目に遭った人々」をモデルに、浦島太郎伝説が生まれたのではないかと考えたのである。

三年間朝鮮半島でうつつを抜かしていた葛城襲津彦は、浦島太郎のモデルである。そして、武内宿禰も彦火火出見尊（山幸彦）も豊玉姫も、浦島太郎伝説に重なり、しかも彼らは全員、神武《じんむ》と応神にかかわり深い人々だ。これは、決して偶然ではない。

葛城襲津彦が朝鮮半島南部から秦氏の祖を日本に連れてきたこと、葛城氏が神功皇后を通じて丹波に通じていたことは、ここにいたり大きな意味をもってくる。多くの赤い糸が、一本の線でつながってくるのである。

神武東征にそっくりなアメノヒボコ伝説

本位田菊士は、神武東征とアメノヒボコを結びつけ、興味深い指摘をしている。神武東征説話は、朝鮮半島南部の貴種渡来伝説がモチーフになっていると指摘し、アメノヒボコ神話は、神武説話と共通性が認められるという。その理由を、以下のように述べる（『日本書紀研究　第十七冊』「神武東征伝説の一考察」）。要点をまとめる。

（1）『播磨国風土記《はりまのくにのふどき》』に見られるように、アメノヒボコは播磨《はりま》で地主神と戦って国占めを行なっている。これは単純な異邦人の渡来を意味せず、形を変えた神武東征である。

（2）アメノヒボコ神話には、日光感精のモチーフがみられ、また日神《ひのかみ》信仰が反映している。アメノヒボコ自身が日神の子孫であった可能性が高い（この点も神武と似ている）。

（3）神武東征は天孫降臨《てんそんこうりん》の延長線上にあるが、アメノヒボコも、『筑前国風土記』逸文にあるように、天から来臨している。

（4）神武もアメノヒボコも、遠方から海路をへて瀬戸内海を東に向かい、激しい抵抗に遭っている。

（5）神武東征伝説と神功皇后伝説の共通点は「海上を渡る日ノ御子」で、また日向神話、神武東征説話に隼人《はやと》族の信仰儀礼や文化と結びついているとも指摘されてきた。なぜこのようなことになったかといえば、宮廷内で皇子の誕生や成人などの儀礼に隼人ら海人系の巫女が奉仕したからだ。一方アメノヒボコも「海上を渡る日ノ御子」であった。アメノヒボコ神話の成立に秦氏が関与していたと思われ、『新撰姓氏録』の秦氏祖先伝承に隼人族とのつながりが記されるが、一方で隼人の儀礼と秦氏はかかわりがない。すると、隼人と秦氏の関係は、九州の地で育まれたものとの推察が可能となる。

このように指摘した上で本位田菊士は、神武東征伝説とアメノヒボコ神話を、「秦氏」というキーワードで解き明かそうとする。

> 秦の民の日本への渡航には大隅阿《あ》多隼人《たのはやと》ら南九州の海人族の協力があった蓋然性が考えられよう。韓土の貴種と伝える弓月君渡来にソツヒコが介在しているのも、秦氏や漢氏の祖先渡来に隼人ら西国の海人族の支援体制があった事実を反映したもので、その延長線上に神武東征説話の成立を推測することはけっして無稽の臆測ではあるまい。
> (前掲書)

本位田菊士はアメノヒボコ神話と神武東征がよく似ているのは、秦氏の関与があったからと推理している。しかし、筆者は、この考えに触発されて、もっと別のことを考える。

以下、応神天皇は何者なのか、その結論をふくめて、述べていきたい。

「トヨの国」の地理的な意味

天孫降臨から神武東征へとつながる神話と説話は、「渡来人による征服劇だったのではないか」と推理されもする。特に、江上波夫の騎馬民族日本征服説が有力視されていた時代は、「天皇家は渡来系か」と疑われ続けたのである。

もちろん、日本人の先祖を突きつめていけば、アフリカから東漸した人々に行き着いてしまうし、弥生時代以降、多くの人々が日本列島に渡ってきたことは、間違いない。しかしここに至り、「天皇は渡来系の征服者ではないか」という質問には、「間違いなく倭人」と答えることができる。

すでに触れたように、筆者は、神功皇后が邪馬台国の台与で、ヤマトから西に向けて遣わされたと考える。そして、九州の地に君臨するも、ヤマト政権に裏切られ、南部九州に逃れたと推理する。これが天孫降臨で、のちに神功皇后の子（あるいは末裔）がヤマトに呼びもどされ、王に担ぎ上げられたと考える。これが、神武天皇であり、応神天皇である。

まず、「神功皇后がヤマトから北部九州制圧のために遣わされた」という話の信憑性は、宇佐神宮の立地から、証明できる。

まず、宇佐神宮が「トヨの国」にあったことは、もっと注目されてよいと思う。

問題は、「トヨの国」の地理的な重要性である。

これまで「トヨの国」は、朝鮮半島から北部九州、瀬戸内海を経由してヤマトに向かう中継基地として考えられてきた。また、この一帯には、有力な地域国家が存在したのではないか、とする考えもある。それは間違いではないのだが、もうひとつ大きな意味が隠されている。それは、「ヤマト（東）が北部九州（西）を支配するための重要な拠点」だったということである。

宇佐神宮は、ヤマト国家からみて西の境界に当たる、という指摘がある。豊国《とよのくに》から見て南側には、隼人が盤踞し、北に目を転じれば、玄界灘《げんかいなだ》を挟んで朝鮮半島が対峙する。『豊後国風土記《ぶんごのくにのふどき》』国埼《くにさき》の郡《こおり》の段には、景行《けいこう》天皇が周防の国の佐婆津《さばつ》（山口県防府市《ほうふ》）から出立したとき、はるか彼方にこの国を御覧になり、「あそこに見えるのは、おそらく、国の埼だろう」と述べられた。そこで国埼の郡と呼ぶようになったとある。この記事から、豊国がヤマト国家の支配地域の先端だったというのだ（「埼」は半島の意味とも取られているが）。

飯沼賢司《いいぬまけんじ》は『八幡神とはなにか』（角川選書）の中で、六世紀の物部守屋《もののべのもりや》と蘇我馬子《そがのうまこ》の仏教導入をめぐる争いに際し、仏像を豊国に棄て流させた（『日本霊異記《にほんりょういき》』）という記事を重視し、「九州の豊国の場合、その国の外には新羅《しらぎ》や隼人などヤマト国家と対立する外の勢力の世界が接しており、仏像を国外へ捨てるには相応しい境界の場所であった」と言い、八幡神は、古代国家成立と連動して、西の境界に出現した神だという。

なるほど、一理ある。弥生時代最大の勢力だった北部九州に対する潜在的な恐怖心から、ヤマト朝廷は逃れられなかったのかもしれない。

ただし、もう少し違った視点も必要だ。

ヤマトが九州を支配するために築いた豊国

神功皇后は越から西に向かい、穴門豊浦宮《あなとのとゆらのみや》（山口県下関市）に拠点を造って、北部九州に向かう下準備をし、数年この地に留まったと『日本書紀』は言う。このの ち北部九州沿岸地帯の首長たちはこぞって恭順してくる。そして、福岡平野を東側から支配するには「ここしかない」という橿日宮《かしひのみや》を手に入れたのである。

「何年も進出できなかった地域の首長が、突然頭を垂れてきた」からには、何かしらの理由がなければおかしい。「それは船の舳先に神器をくりつけた、神懸りの勝利」と『日本書紀』は説明する。だが、これを鵜呑みにすることはできない。神功皇后は、戦略を立て、戦わずして敵を懐柔することに成功したとしか思えない。

他の拙著の中で触れたように、北部九州の沿岸地帯は、東側（ヤマト）に対する防衛上のアキレス腱を抱えていた。それが、筑後川上流、大分県日田《ひた》市（もちろんトヨの国）の盆地であった。日田は天然の要害で、西側（筑後川下流域）からの攻撃に頗る強い。いったんこの地を東側の勢力に握られてしまえば、北部九州諸地域は、手も足も出なくなる。のど元に刀を突きつけられたようなものだ。

近世江戸幕府が日田を天領《てんりょう》とし、「文化圏は福岡県側なのに行政区分はいまだに大分県」と地元の人間が首をかしげるように、日田という土地は、「西側に突きだした東」なのである。

事実、ヤマトに纏向《まきむく》遺跡が誕生した直後から、日田盆地を睥睨《へいげい》する高台に、畿内勢力（出雲の土器も見つかっている）が築いた環濠集落《かんごうしゅうらく》が見つかっている。それが小迫辻原《おざこつじばる》遺跡である。ここに、「神功皇后は豊浦宮《とゆらのみや》で何をしていたのか」、その真相が明らかになる。豊浦宮→宇佐→日田につながる「纏向政権の生命線」「北部九州勢力にとってのアキレス腱」を確保し、筑後川と宗像方面のふたつのルートを築きあげ、北部九州の首長層を圧迫していったのであろう。

三世紀の環濠集落が見つかった小迫辻原遺跡（大分県日田市）

つまり、現在の大分県と福岡県東部が「トヨの国」と呼ばれるようになったきっかけは、神功皇后＝台与が東側からこの地域に乗り込み、北部九州勢力牽制のための拠点を築いたからだろう。

「トヨの国の宇佐神宮」が神功皇后や応神天皇を祀っていたのは、当然の話であって、その後人量の伽耶系の民（秦氏）が流れ込み、アメノヒボコを通じて伽耶と多くの接点をもつ神功皇后や応神天皇を祀る宇佐神宮を信仰の対象にしていったというのが、本当のところだろう。

応神天皇の正体

神功皇后や応神天皇は、渡来系人脈と強い絆で結ばれていた。右を向いても左を向いても、渡来系ばかりである。そして、武内宿禰の末裔氏族も、ことごとく、渡来系の人脈を駆使して、繁栄を勝ち取っていった。だからこそ、葛城氏も蘇我氏も、「渡来系ではないか」と疑われもしたのである。

当然、応神天皇に関しても、征服王とみなされてもおかしくはなかった。なぜ応神天皇は、渡来系の人々と多くの接点を持ち、秦王国の宇佐神宮で祀りあげられていたのだろう。

最大の理由は、神功皇后（台与）が実際に、朝鮮半島南部に兵を差し向けたからではあるまいか。三世紀後半の邪馬台国の時代、朝鮮半島南部で、倭人が暴れ回っていたことは、『三国史記』に記録され、『日本書紀』の記事と合致していた。

神功皇后自身が渡海していたかどうかを証明する手立てはない。けれども、神功皇后の夫は武内宿禰で、その正体はアメノヒボコとする私見を組み合わせれば、神功皇后自身が朝鮮半島に出兵していても、なんら不思議ではないのである。

神功皇后が越から出雲を経由して豊浦宮に向かい、さらに北部九州、朝鮮半島へと向かったのは、日本海を股に掛けた巨大な交易圏の建設を目論んでいたからではないかと思えてくるのである。

ではなぜ、神功皇后や武内宿禰の目論見ははずれ、ヤマト政権が裏切ったかといえば、他の拙著の中で述べたとおり、ヤマト建国直後の二大勢力の主導権争いに巻き込まれたからだろう。すなわち、瀬戸内海と日本海勢力の権力闘争が勃発し、瀬戸内海を牛耳る饒速日命《にぎはやひのみこと》が勝利したのである。

梯子をはずされた神功皇后と武内宿禰は、逃げ場所を南部九州と定めた。

じつはこの神功皇后の選択こそ、応神天皇の正体を見極める最大のヒントとは言えないだろうか。応神天皇（神武天皇）が倭人であった証拠は、ここにあったのである。

すでに触れたように、アメノヒボコ神話や神武東征説話には、隼人とかかわった秦氏が関与していたと、本位田菊士は推理した。しかし、隼人とアメノヒボコ、隼人と神武天皇は、「直接つながっていた」のであり、だからこそ、隼人は天皇家に近侍するようになっていったのだろう。

問題は、なぜヤマトに追われた神功皇后らが、逃げ場所に南部九州を選んだのか、ということである。

もし彼らが新羅や伽耶出身であれば、なぜ南部九州に逃れたのだろう。その後、ヤマトを呪い、ついにヤマト入りを許されるに到るまで、なぜこっそりと、朝鮮半島に戻ろうとしなかったのだろう。それは、彼らが「われわれは倭人」と考えていたからだろう。

倭人である彼らは、南部九州の隼人や朝鮮半島南部の倭人と手を結び、巨大な交易圏を構築し、鉄や富を蓄えようと考えたのだろう。

そして、大陸や半島の動乱から逃れてきた人々の日本列島への渡航を、神功皇后や応神天皇の構築した人脈が手助けしたのに違いない。

秦氏は宇佐の地で、ヤマトと朝鮮半島の架け橋作りに励んだ神功皇后や応神天皇を祀りあげ、また、南部九州の隼人も、神功皇后や武内宿禰、応神天皇らを、朝鮮半島（韓）から富をもたらす神とみなし、祀りあげたのだろう。

応神天皇や蘇我氏にまとわりつく、強烈なまでの異国臭は、彼らが朝鮮半島との交流にいそしんだ結果なのである。

おわりに

『日本書紀』編纂に多大な影響力を行使した藤原氏は「百済びいき」で、それはなぜかと言えば、彼らが百済王子・豊璋《ほうしょう》の血を引いていたからではないかと、筆者は疑っている。そして、こののち藤原氏の天下が続いたから、「百済系帰化人、渡来人」は、近畿地方に集められ、それ以外の「新羅や高句麗からやってきた帰化人、渡来人」は、地方に飛ばされた。

たとえば、関東地方に「高麗《こま》（埼玉県日高市、飯能市）」や「狛江《こまえ》（東京都狛江市）」という地名が残るが、それぞれの土地に高句麗系の人々が集住していた。また、武蔵国に新羅郡（埼玉県南部）が置かれ、新羅人が住み、さらに大分県や鹿児島県には、新羅系の渡来人が密集していたが、薩摩藩のお殿様（島津氏）も、ルーツをたどると、新羅系の渡来人（秦氏）であった。

高句麗や新羅の人々は、権力の中枢を独占した百済系に煙たがられ、遠くへ追いやられたのだろう。

そう考えると、新羅（正確には、伽耶であろうが）との間に密接なつながりをみせる始祖王＝応神天皇の存在は、歴史書編纂を試みた藤原不比等にとって、頭の痛い問題だっただろう。王家の外戚になることで、権力を勝ちとろうと企んだ藤原不比等は、『日本書紀』の中で神話を駆使し王家の正統性をアピールしながら、そのいっぽうで、王家と新羅の強い絆を、いかに隠し通すことができるのか、工夫を重ねたのだった。

苦心惨憺の末、初代王を、「高天原→九州→ヤマト」の神武天皇と「新羅→九州→ヤマト」の応神天皇に分解して正体を隠すという、複雑なカラクリを用意せざるを得なくなったのだろう。応神天皇が多くの謎に包まれ、これまで正体を探ることができなかったのは、このためであろう。

なお、今回の執筆にあたり、河出書房新社企画編集室室長西口徹氏、編集担当の工藤隆氏、歴史作家の梅澤恵美子氏に御尽力いただきました。改めてお礼申し上げます。

合掌

参考文献

『古事記祝詞』日本古典文学大系（岩波書店）
『日本書紀』日本古典文学大系（岩波書店）
『風土記』日本古典文学大系（岩波書店）
『萬葉集』日本古典文学大系（岩波書店）
『続日本紀』新日本古典文学大系（岩波書店）
『魏志倭人伝・後漢書倭伝・宋書倭国伝・隋書倭国伝』石原道博編訳（岩波書店）
『旧唐書倭国日本伝・宋史日本伝・元史日本伝』石原道博編訳（岩波書店）
『三国史記倭人伝』佐伯有清編訳（岩波書店）
『先代舊事本紀』大野七三編著（新人物往来社）
『神道大系　神社編』（神道大系編纂会）
『古語拾遺』斎部広成撰、西宮一民校注（岩波文庫）
『日本書紀　一　二　三』新編日本古典文学全集（小学館）
『古事記』新編日本古典文学全集（小学館）
『古代日本と朝鮮・中国』直木孝次郎（講談社学術文庫）
『古代天皇の秘密』高木彬光（角川文庫）
『応神天皇の秘密』安本美典（廣済堂出版）
『直木孝次郎古代を語る5　大和王権と河内王権』直木孝次郎（吉川弘文館）
『再検討「河内王朝」論』門脇禎二、岡田精司、水野正好、白石太一郎、笠井敏光（六興出版）
『任那日本府と倭』井上秀雄（寧楽社）
『日本書紀研究　第三冊』三品彰英編（塙書房）
『三品彰英論文集　第四巻　増補　日鮮神話伝説の研究』三品彰英（平凡社）
『天皇の系譜と神話』吉井巌（塙書房）

『葛城と古代国家』門脇禎二（教育社）
『騎馬民族は来なかった』佐原眞（日本放送出版協会）
『日本古代王朝史論序説』水野祐（早稲田大学出版部）
『津田左右吉全集　別巻第一』津田左右吉（岩波書店）
『秦氏の研究』大和岩雄（大和書房）
『古代朝鮮と倭族』鳥越憲三郎（中公新書）
『原弥生人の渡来』鳥越憲三郎（角川書店）
『日本の古代1　倭人の登場』森浩一編（中央公論社）
『ゼミナール日本古代史　上』編集委員、上田正昭、直木孝次郎、森浩一、松本清張（光文社）
『倭国の世界』上田正昭（講談社現代新書）
『三国史記倭人伝　他六篇　朝鮮正史日本伝1』佐伯有清編訳（岩波文庫）
『任那日本府と倭』井上秀雄（寧楽社）
『巨大古墳の世紀』森浩一（岩波書店）
『日本古代国家の研究』井上光貞（岩波書店）
『日本国家の起源』井上光貞（岩波文庫）
『宇佐宮』中野幡能（吉川弘文館）
『八幡信仰』中野幡能（塙新書）
『日本の神々1　九州』谷川健一編（白水社）
『日本の神々3　摂津　河内　和泉　淡路』谷川健一編（白水社）
『八幡神とはなにか』飯沼賢司（角川選書）
『帰化人と古代国家』平野邦雄（吉川弘文館）
『日本古代国家形成過程の研究』本位田菊士（名著出版）
『日本書紀研究　第十七冊』横田健一編（塙書房）

文庫版あとがき

鹿児島の大隅正八幡（鹿児島神宮）の裏手に、奈毛木《なげき》の杜（蛭子《えびす》神社）がひっそりとたたずむ。

伝説によれば、神代の昔、イザナミとイザナミの産んだ蛭子《ひるこ》が「できそこないの太陽神」だったために流され、ここにたどり着き、嘆き悲しんだという。なんとも哀しい話だ。

なぜ鹿児島に漂着したのか、妙に気になる。天孫降臨が実際には悲劇だったことを、この土地の人間はみな知っていたのではなかろうか。

鹿児島県には、これ以外にも無視できない伝承と祭りが残されている。そのひとつが、大隅半島北西部の曽於《そお》市八幡神社（かつては日向国に属していた）に伝わる巨人・弥五郎《やごろう》ドンだ。

約九百年の伝統を誇る「弥五郎ドン祭り」で、四メートル八五センチの巨大な弥五郎ドンが浜下りをする。「弥五郎ドンが起きっど～！」と、脅し文句のようなかけ声で、触れ太鼓が鳴り響き、弥五郎ドンが練り歩いていく。

その正体は謎に包まれるが、いくつかの説はある。隼人の酋長、ヤマトタケルに成敗されたクマソタケル、そして、武内宿禰という伝承もある。

史学者の多くは、武内宿禰説を頭から否定するが、ここに、ロマンを感じてしまうのは、私だけだろうか。

＊本書は『応神天皇の正体』（河出書房新社、二〇一二年二月刊）を文庫にしたものです。
＊編集協力——工藤隆

応神天皇《おうじんてんのう》の正体《しょうたい》

二〇一七年 一 月一〇日 初版印刷
二〇一七年 一 月二〇日 初版発行

著　者　関裕二《せきゆうじ》
発行者　小野寺優
発行所　株式会社河出書房新社
〒一五一-〇〇五一
東京都渋谷区千駄ヶ谷二-三二-二
電話〇三-三四〇四-八六一一（編集）
〇三-三四〇四-一二〇一（営業）
http://www.kawade.co.jp/

ロゴ・表紙デザイン　粟津潔
本文フォーマット　佐々木暁
本文組版　有限会社マーリンクレイン
印刷・製本　中央精版印刷株式会社

Printed in Japan ISBN978-4-309-41507-9

完本 聖徳太子はいなかった 古代日本史の謎を解く

石渡信一郎 40980-1

『上宮記』、釈迦三尊像光背銘、天寿国繡帳銘は後世の創作、遣隋使派遣もアメノタリシヒコ（蘇我馬子）と『隋書』は言う。『日本書紀』で聖徳太子を捏造したのは誰か。聖徳太子不在説の決定版。

天皇の国・賤民の国 両極のタブー

沖浦和光 40861-3

日本列島にやってきた諸民族の源流論と、先住民族を征圧したヤマト王朝の形成史という二つを軸に、日本単一民族論の虚妄性を批判しつつ、天皇制、賤民、芸能史、部落問題を横断的に考察する名著。

江戸食べもの誌

興津要 41131-6

川柳、滑稽・艶笑文学、落語にあらわれた江戸人が愛してやまなかった代表的な食べものに関するうんちく話。四季折々の味覚にこめた江戸人の思いを今に伝える。

真田幸村

尾崎士郎 41424-9

傑作時代小説も多くものした『人生劇場』の作家の、時代小説決定版。真田十勇士たちとの関わりの中で、徳川の圧力に抵抗した幸村の正義と智謀の生涯を描く本格時代小説。

大化の改新

海音寺潮五郎 40901-6

五世紀末、雄略天皇没後の星川皇子の反乱から、壬申の乱に至る、古代史黄金の二百年を、聖徳太子、蘇我氏の隆盛、大化の改新を中心に描く歴史読み物。『日本書紀』を、徹底的にかつわかりやすく読み解く。

新名将言行録

海音寺潮五郎 40944-3

源為朝、北条時宗、竹中半兵衛、黒田如水、立花宗茂ら十六人。天下の覇を競った将帥から、名参謀・軍師、一国一城の主から悲劇の武人まで。戦国時代を中心に、愛情と哀感をもって描く、事跡を辿る武将絵巻。

蒙古の襲来

海音寺潮五郎　40890-3

氏の傑作歴史長篇『蒙古来たる』と対をなす、鎌倉時代中期の諸問題・面白さを浮き彫りにする歴史読物の、初めての文庫化。国難を予言する日蓮、内政外政をリードする時頼・時宗父子の活躍を軸に展開する。

永訣の朝　樺太に散った九人の逓信乙女

川嶋康男　40916-0

戦後間もない昭和二十年八月二十日、樺太・真岡郵便局に勤務する若い女性電話交換手が自決した。何が彼女らを死に追いやったのか、全貌を追跡する。テレビドラマの題材となった事件のノンフィクション。

文、花の生涯

楠戸義昭　41316-7

2015年NHK大河ドラマの主人公・文。兄吉田松陰、夫久坂玄瑞、後添え楫取素彦を中心に、維新回天の激動期をひとりの女がどう生き抜いたかを忠実に描く文庫オリジナル。

異形にされた人たち

塩見鮮一郎　40943-6

差別・被差別問題に関心を持つとき、避けて通れない考察をここにそろえる。サンカ、弾左衛門から、別所、俘囚、東光寺まで。近代の目はかつて差別された人々を「異形の人」として、「再発見」する。

差別語とはなにか

塩見鮮一郎　40984-9

言語表現がなされる場においては、受け手に醸成される規範と、それを守るマスコミの規制を重視すべきである。そうした前提で、「差別語」に不快を感じる弱者の立場への配慮の重要性に目を覚ます。

弾左衛門とその時代

塩見鮮一郎　40887-3

幕藩体制下、関八州の被差別民の頭領として君臨し、下級刑吏による治安維持、死牛馬処理の運営を担った弾左衛門とその制度を解説。被差別身分から脱したが、職業特権も失った維新期の十三代弾左衛門を詳説。

弾左衛門の謎

塩見鮮一郎　40922-1

江戸のエタ頭・浅草弾左衛門は、もと鎌倉稲村ヶ崎の由井家から出た。その故地を探ったり、歌舞伎の意休は弾左衛門をモデルにしていることをつきとめたり、様々な弾左衛門の謎に挑むフィールド調査の書。

被差別小説傑作集

塩見鮮一郎　41444-7

日本近代文学の隠れたテーマであった、差別・被差別問題を扱った小説アンソロジー。初めてともいえる徳田秋声「藪こうじ」から島木健作「黎明」までの11作。

貧民に墜ちた武士　乞胸という辻芸人

塩見鮮一郎　41239-9

徳川時代初期、戦国時代が終わって多くの武士が失職、辻芸人になった彼らは独自な被差別階級に墜ちた。その知られざる経緯と実態を初めて考察した画期的な書。

部落史入門

塩見鮮一郎　41430-0

被差別部落の誕生から歴史を解説した的確な入門書は以外に少ない。過去の歴史的な先駆文献も検証しながら、もっとも適任の著者がわかりやすくまとめる名著。

吉原という異界

塩見鮮一郎　41410-2

不夜城「吉原」遊廓の成立・変遷・実態をつぶさに研究した、画期的な書。非人頭の屋敷の横、江戸の片隅に囲われたアジールの歴史と民俗。徳川幕府の裏面史。著者の代表傑作。

闘将真田幸村　大坂の陣・真田丸の攻防

清水昇　41397-6

徳川家康に叛旗をひるがえした、信州の驍将真田幸村。その生い立ちから、関ヶ原、大坂の陣で家康になびかず大いに奮闘した、屈指の戦上手の、信念と不撓不屈の生涯。

決定版 日本剣客事典

杉田幸三 40931-3

戦国時代から幕末・明治にいたる日本の代表的な剣客二百十九人の剣の流儀・事跡を徹底解説。あなたが知りたいまずたいていの剣士は載っています。時代・歴史小説を読むのに必携のガイドブックでもあります。

花鳥風月の日本史

高橋千劔破 41086-9

古来より、日本人は花鳥風月に象徴される美しく豊かな自然のもとで、歴史を築き文化を育んできた。文学や美術においても花鳥風月の心が宿り続けている。自然を通し、日本人の精神文化にせまる感動の名著！

東京震災記

田山花袋 41100-2

一九二三年九月一日、関東大震災。地震直後の東京の街を歩き回り、被災の実態を事細かに刻んだルポルタージュ。その時、東京はどうだったのか。歴史から学び、備えるための記録と記憶。

伊能忠敬 日本を測量した男

童門冬二 41277-1

緯度一度の正確な長さを知りたい。55歳、すでに家督を譲った隠居後に、奥州・蝦夷地への測量の旅に向かう。艱難辛苦にも屈せず、初めて日本の正確な地図を作成した晩熟の男の生涯を描く歴史小説。

軍師　黒田如水

童門冬二 41252-8

天下分け目の大合戦、戦国一の切れ者、軍師官兵衛はどう出るか。信長、秀吉、家康の天下人に仕え、出来すぎる能力を警戒されながらも強靭な生命力と独自の才幹で危機の時代生き抜いた最強のNo.2の生涯。

吉田松陰

古川薫 41320-4

2015年NHK大河ドラマは「花燃ゆ」。その主人公・文の兄が、維新の革命家吉田松陰。彼女が慕った実践の人、「至誠の詩人」の魂を描き尽くす傑作小説。

岡倉天心

松本清張　41185-9

岡倉天心生誕一五〇年・没後一〇〇年・五浦六角堂再建！　数々の奇行と修羅場、その裏にあった人間と美術への愛。清張自ら天心の足跡をたどり新資料を発掘し、精緻に描いた異色の評伝。解説・山田有策。

軍師の境遇

松本清張　41235-1

信長死去を受け、急ぎ中国大返しを演出した軍師・黒田官兵衛。だが、その余りに卓越した才ゆえに秀吉から警戒と疑惑が身にふりかかる皮肉な運命を描く名著。2014年大河ドラマ「軍師官兵衛」の世界。

幕末の動乱

松本清張　40983-2

徳川吉宗の幕政改革の失敗に始まる、幕末へ向かって激動する時代の構造変動の流れを深く探る書き下ろし、初めての文庫。清張生誕百年記念企画、坂本龍馬登場前夜を活写。

遊古疑考

松本清張　40870-5

飽くことなき情熱と鋭い推理で日本古代史に挑み続けた著者が、前方後円墳、三角縁神獣鏡、神籠石、高松塚壁画などの、日本古代史の重要な謎に厳密かつ独創的に迫る。清張考古学の金字塔、待望の初文庫化。

赤穂義士　忠臣蔵の真相

三田村鳶魚　41053-1

美談が多いが、赤穂事件の実態はほんとのところどういうものだったのか、伝承、資料を綿密に調査分析し、義士たちの実像や、事件の顛末、庶民感情の事際を鮮やかに解き明かす。鳶魚翁の傑作。

黒田官兵衛

鷲尾雨工　41231-3

織田方に付くよう荒木村重を説得するため播磨・伊丹城に乗り込んだ官兵衛。だが不審がられ土牢に幽閉されるも、秀吉の懐刀として忠節を貫いた若き日の名軍師。2014年大河ドラマ「軍師官兵衛」の世界。